中等职业教育"互联网+"新形态教材

企业经营实训指导
（手工＋电子沙盘模拟）
（第3版）

李树斌　黄银婉　马汉杰　主　编

王　莉　许樱蓝　王旭锋　杨世学　副主编

许思洁　参　编

电子工业出版社

Publishing House of Electronics Industry

北京·BEIJING

内 容 简 介

本书是指导中等职业学校学生开展企业认知和沙盘模拟经营实训的教学用书。本书采用任务驱动式的项目课程编写理念，将学习过程分成7个学习任务，即"企业认知，创业萌芽"、"学习规则，筹建企业"、"熟悉业务，经营摸索"、"经营实践，锻炼成长"、"自主经营，策略对抗"、"创新思维，能力提升"和"电子沙盘，创新竞技"。本书在传统沙盘模拟经营实训框架的基础上，把创新创业教育融入其中，以"创业萌芽—模拟经营"为主线开展教学实训，并全程贯穿创新思维的培养。每个项目或任务的"导学语"给学习者以激励；"做与学"以案例的方式向学生传递做的指导和学的知识；"结束语"概括了已完成的项目或任务；"思政育人"结合国内优秀企业案例，拓宽学生视野，培养学生家国情怀，落实课程思政育人目标。

本书结构清晰，图文并茂，深入浅出，生动活泼，可作为中等职业学校各专业学生认知企业和模拟经营实训的入门指导书。

图书在版编目（CIP）数据

企业经营实训指导：手工+电子沙盘模拟 / 李树斌，黄银婉，马汉杰主编. —3版. —北京：电子工业出版社，2023.3

ISBN 978-7-121-44912-3

Ⅰ.①企… Ⅱ.①李… ②黄… ③马… Ⅲ.①企业管理－中等专业学校－教学参考资料 Ⅳ.①F272

中国国家版本馆CIP数据核字（2023）第015357号

责任编辑：贾瑞敏

印　　刷：三河市兴达印务有限公司

装　　订：三河市兴达印务有限公司

出版发行：电子工业出版社

　　　　　北京市海淀区万寿路173信箱　　邮编：100036

开　　本：880×1 230　　1/16　　印张：12　　字数：276.5千字

版　　次：2007年9月第1版

　　　　　2023年3月第3版

印　　次：2025年1月第3次印刷

定　　价：48.00元

前　言

党的二十大报告指出：必须坚持科技是第一生产力、人才是第一资源、创新是第一动力，深入实施科教兴国战略、人才强国战略、创新驱动发展战略。为全面落实为党育人、为国育才任务，在职业教育迎来发展改革的新机遇的形势下，如何健全人才培养模式，在教育教学中培养具备专业实践能力、职业道德、创新精神等综合素质的高质量技术技能人才是当前职业教育教学改革的重要任务。

沙盘模拟经营实训作为以学生为主体的实践教学课程，通过构建仿真企业环境，模拟真实企业的生产经营活动，把企业运营的关键环节设计为课程的主体内容，把企业运营所处的内外部环境抽象为一系列的规则，学生组成若干个相互竞争的管理团队，扮演不同的角色，共同面对变化的市场竞争环境，体会企业经营运作的全过程。《企业认知实训指导（手工模拟）》自 2007 年出版以来累计印刷 34 次，受到众多职业院校的好评。

为更好地落实新形势下的育人任务，自 2021 年起，广东省中等职业教育教学改革项目团队在研究实践期内，在充分调研的基础上开展 ERP 沙盘模拟企业经营课程改革，创造性地将创新创业教育与沙盘模拟经营实训相结合，历时 2 年，在多位名师的指导下完成了《企业经营实训指导（手工＋电子沙盘模拟）》（第 3 版）的编写。新版教材体现了"专创融合"和"岗课赛证融通"理念，将创新创业教育与沙盘模拟经营实训相结合，延伸对接"互联网＋"创新创业大赛、沙盘模拟企业经营技能大赛、创业培训（证书）等项目，在专业教学中让学生在完成知识到技能转化的同时，激发出创业意识和创新精神，提升职业能力和素养。

新版教材具有以下特色：

1. 任务驱动，项目式教学

在内容的组织上，采用任务驱动式的项目课程编写理念，把工作项目分解为若干个小任务。教学框架结构清晰，符合学生认知规律。

2. 专创融合，创新育人

新版教材在沙盘模拟经营实训的基础上，把创新创业教育融入其中，以"创业萌芽—模拟经营"为主线开展实训教学，并全程贯穿创新思维的培养。

3. 思政融入，提升职业素养

新版教材通过"思政小课堂"和"思政育人"案例，强化价值引导，提升学生核心素养，让思政教育和专业教育形成协同效应，全面贯彻党的教育方针，深入落实立德树人根本任务。

4.资源丰富，赋能高效课堂

为构建高效课堂，本书编写团队基于"互联网＋"课堂理念，制作了全方位、立体化的教学资源，如教学标准、教学课件、教学设计方案、教学微课（视频）、实训资料，以及自主制作的希沃仿真实训操作盘面、希沃在线课堂小测试微型题库等，同时对本书所适用的沙盘实训平台提供必要的咨询和技术指导。

本书由李树斌、黄银婉、马汉杰担任主编，由王莉、许樱蓝、王旭锋、杨世学担任副主编，许思洁参与编写工作。本书具体编写分工为：项目四由李树斌编写；项目五由黄银婉编写；项目三由马汉杰编写；项目一由王旭锋编写；项目二由王莉编写；项目六由许樱蓝编写；项目七由杨世学编写；附录由许思洁编写；"思政小课堂"由许樱蓝、李树斌制作，"思政育人"案例由李树斌、王莉、许樱蓝编写；教学资源由黄银婉、王莉、许思洁、许樱蓝、王旭锋共同制作。

本书在编写过程中得到了广东省教育研究院杜怡萍、天津财经大学王新玲、广州番禺职业技术学院阚雅玲等专业人士的指导，在此表示感谢。

由于编者水平有限，加之时间仓促，书中难免存在疏漏之处，敬请读者批评指正。

编　者

目 录

爱岗敬业 ◎ 诚实守信 ◎ 开拓创新 ◎ 合作共赢

项目一 企业认知，创业萌芽

任务一 沙盘初识

 导学语

什么是沙盘？沙盘模拟经营实训是一门什么课程？

大家一定很好奇吧？现在让我们一起来认识一下沙盘吧！

思政小课堂

职业素养之爱岗敬业

 做与学

一、沙盘起源

沙盘起源于军事，常用于研究地形、敌情、作战方案、组织协调动作和实施训练。最早，沙盘是根据地形图、航空照片或实地地形，按一定的比例用沙土或其他材料制作而成的地形模型。通过各种模型来模拟战场的地形及武器装备的部署情况，结合战略与战术的变化来进行推演。这种方法在军事上获得了极大的成功。

沙盘在我国已有悠久的历史。据《后汉书·马援列传》记载，汉建武八年（公元32年），汉光武帝刘秀征讨陇西的地方豪强隗嚣时，召名将马援来商讨如何进军的战略。马援对陇西一带的地理情况很熟悉，就用米堆成一个与实地地形相似的模型，从战术上做了详尽的分析。刘秀看后高兴地说："敌人尽在我的眼中了！"这是我国军事史上运用沙盘研究战术的先例，也是最早的沙盘作业。

1811年，普鲁士国王腓特烈·威廉三世的文职军事顾问冯·莱斯维茨，用胶泥制作了一个精巧的战场模型，用颜色把道路、河流、村庄和树林表示出来，用小瓷块代表军队和武

器，陈列在波茨坦皇宫里，用来进行军事游戏。后来，冯·莱斯维茨的儿子利用沙盘、地图表示地形地貌，按照实战方式进行策略谋划。由于沙盘的使用价值高，因此第一次世界大战后在军事上得到了广泛应用。第二次世界大战中，德军每次组织重大战役，都预先在沙盘上予以模拟演练。这种"战争博弈"就是现代沙盘作业。古代地形沙盘和现代军事沙盘如图1-1和图1-2所示。

图1-1　古代地形沙盘

图1-2　现代军事沙盘

随着经济的飞速发展，沙盘不断发展演变，逐步融入企业的生产经营活动中。于是，企业经营沙盘实战演练课程出现了。它起源于瑞典，并于1978年推出后迅速风靡全球，成为世界500强企业广泛采用的一种经理人培训方法。随后，出现了使用计算机模拟战场情况、商场情况的新技术，促使沙盘向自动化、多样化的方向发展。

二、沙盘种类

沙盘模型具有良好的实用性，被广泛应用于各个领域，用来展示规划的蓝图。同时，也广泛用于环境治理、工程改造、农业规划、地产设计等多个领域，用来展现其特点。

（一）地形沙盘

地形沙盘以微缩实体的方式来表示地形地貌特征，并在模型中体现山体、水体、道路等物，主要表现的是地形数据，使人们能从微观的角度来了解宏观的事物。地形沙盘的应用范围极其广泛，主要运用的行业有交通、水利、电力、公安指挥、国土资源、旅游、军事等。地形沙盘如图1-3所示。

（二）建筑沙盘

建筑沙盘以微缩实体的方式来表现建筑艺术，无论是单体造型还是群体的组合都如实表达建筑构造，将建筑师的理念转化成具体的形象。建筑沙盘如图1-4所示。

图1-3　地形沙盘

图1-4　建筑沙盘

（三）电子沙盘

电子沙盘通过真实的三维地理信息数据，利用先进的地理信息技术，能实时地、动态地查找每一个地理信息，如三维坐标、高度、坡度、河流、道路及各种人工工程与设施、远景规划等信息，并通过先进的三维单点飞行、飞行路径、绕点飞行、工程信息查询，进行经济效益的分析及其他各种智能分析等。电子沙盘适用于移动通信基站的选择和大范围的水利设施的规划与建设等与地理地形关系密切的场景。电子沙盘如图1-5所示。

（四）三维互动虚拟楼盘

三维互动虚拟楼盘是能代替建筑模型及样板房的楼盘预售工具。它利用房地产开发商提供的设计图纸和材质数据将拟建楼盘以1：1的比例精确地仿真在计算机上，通过超大场景和局部渲染，营造震撼的视听效果，以提升现场销售的业绩。顾客可在售楼部或网站上进入虚拟楼盘，如同玩游戏一样在虚拟楼盘中任意走动和飞翔，并可进入中意的房间查看装修效果。同时，还能了解周边环境、交通位置、开发公司的实力，以及计算按揭金额等。三维互动虚拟楼盘如图1-6所示。

图1-5　电子沙盘

图1-6　三维互动虚拟楼盘

三、 沙盘模拟经营实训课程

（一）课程介绍

20世纪80年代初期，ERP（Enterprise Resource Planning，企业资源计划）企业经营模拟课程被引入我国，率先在企业的中高层管理者培训中使用并快速发展。21世纪初，用友、金蝶等软件公司相继开发出了ERP沙盘模拟演练的教学版，将其推广到高等院校的实验教学过程中。现在，越来越多的高等院校为学生开设了ERP沙盘模拟经营实训课程，都取得了很好的效果。本书所介绍的是用友公司推出的ERP沙盘模拟演练，即企业沙盘模拟经营实训。

企业的目标就是在有限资源的情况下追求最大的产出，即追求利润，其本质是资源的合理利用。企业沙盘模拟经营实训就是通过对抗的方式来进行的相关培训——融角色扮演、案例分析和专家诊断于一体，最大的特点是在参与中学习。学生的学习过程接近企业现状，在企业模拟运营过程中会遇到企业经营中经常出现的各种典型问题。

企业沙盘模拟经营实训的基础背景一般设定为一家生产型企业，进行6个年度的经营。课程一般将参加训练的学生分成6～8组，每组5人或6人，各代表不同的模拟企业。在这个训练中，每个小组的成员将分别担任公司中的重要职位（总经理、财务总监、营销总监、生产总监和采购总监等）。每组要亲自经营一家拥有上百万元资产、销售良好、资金充裕的企业，连续从事6个会计年度的经营活动。成员从股东那里得到初始资金（资金数额由指导教师决定），自己决定生产什么样的产品。在经营过程中，要面对同行竞争、产品老化、市场单一的情况，公司如何保持成功及不断成长是每位成员面临的重大挑战。该实训涉及整体战略、产品研发、设备投资改造、生产能力规划、物料需求计划、资金需求规划、市场与销售、财务经济指标分析、团队沟通与建设等多个方面的内容。企业沙盘模拟经营实训过程如图1-7所示。

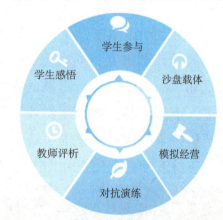

图1-7 企业沙盘模拟经营实训过程

通过企业沙盘模拟经营实训，学生要在几个年度的经营中，在客户、市场、资源及利润等方面进行一番真正的较量。这种实训有助于学生形成宏观规划、战略布局的思维模式。通过这一实训，学生可以对生产企业各环节的业务达成一致的理性及感性认识，形成共通的思维模式，形成促进沟通的共同语言。企业沙盘模拟经营实训可帮助学生站在高层管理者的角度认清企业运营状况，建立企业运营的战略视角，了解企业中物流、资金流、信息流如何做到协同统一，认识到ERP系统对于提升公司管理的价值；可以帮助学生站在中层经理的角度，了解整个公司的运作流程，提高全局和长远策略意识，了解各部门决策对企业业绩产生的影响，同时理解如何用ERP系统处理各项业务和由此带来的决策的准确性；可以帮助学

生站在一线主管的角度，认识到企业资源的有限性和企业一线生产研发等部门之间的紧密联系，从而提升其策略性思考的能力，提高与下属沟通的技巧；可以帮助学生站在企业员工的角度，从市场、财务、业务、工作流等相关角度深入理解企业资源运营。

（二）课程定位

企业在经营过程中会遇到很多问题，如果处理不当，就会导致业绩下降甚至经营失败，最终倒闭，如英国巴林银行，日本的八佰伴百货，韩国的大宇集团，中国的巨人集团、三株集团等企业。那么，导致经营失败的原因是什么呢？是采购不合理，还是融资不及时？是原材料和产成品大量积压，还是市场定位不准？是产品研发不对路，还是生产能力跟不上？是生产成本失控，还是费用开支过大？其实都是决策失误造成的。世上没有天生失败的经营者，只有失败的管理者。如何提升企业决策者的战略决策能力和系统思维能力，以及加强企业重要部门间的协调呢？企业经营模拟训练可以帮助企业训练经理人，提高经理人的管理能力。

对于刚入学的职业学校学生，通过企业认知实训第一阶段的训练，可以了解企业经营环境，明晰企业组织结构，认识业务流程，明确岗位职责，学会按指导操作、经营业务。此外，通过协同训练，还可以加强沟通，培养团队的合作精神。总之，就是让大家认识企业，形成职业意识，提高学习兴趣，为后续课程的学习打下基础。

（三）课程特征

① 仿真性。本课程提供真实企业的业务处理环境及行业市场环境。通过单据及模拟物件反映企业的资金流、物流和信息流，按照企业的经营过程组织学习内容，经营过程就是学习过程。

② 体验性。本课程学生按模拟企业分成6～8组，每个模拟公司的成员由总经理（CEO）、财务总监、营销总监、生产总监、采购总监（共5人或6人）组成。可根据实际需要，增加相关总监助理若干人，学生扮演相应的职业角色，按岗位赋予的责、权、利去完成经营任务。

③ 挑战性。本课程的每个模拟公司生产相同的产品，它们要竞争拿订单、争夺市场、比较经营成果，所以学习过程充满挑战，这种挑战将激发学生的学习热情。

结束语

你可能已经等不及了。想接受挑战吗？让我们去试一试吧！相信自己，带着梦想，即刻出发吧！

任务二 组建企业

了解了沙盘基础知识，我们知道沙盘能够模拟一个企业的运作。现在，你是否已跃跃欲试想创立自己的企业了呢？事不宜迟，让我们进入组建企业的学习中吧！

一、企业部门介绍

在模拟企业中，主要设置综合管理中心、财务中心、营销与规划中心、生产中心和物流中心5个职能部门（可根据学生人数适当调整），各部门职责明细如表1-1所示。

表1-1　各部门职责明细

综合管理中心	财务中心	营销与规划中心	生产中心	物流中心
制定发展战略	日常财务记账和登账	市场调查分析	产品研发管理	编制采购计划
竞争格局分析	向税务部门报税	市场进入策略	管理体系认证	供应商谈判
经营指标确定	提供财务报表	品种发展策略	固定资产投资	签订采购合同
业务策略制定	日常现金管理	广告宣传策略	编制生产计划	监控采购过程
全面预算管理	企业融资策略制定	制订销售计划	平衡生产能力	仓储管理
管理团队协同	成本费用控制	争取订单与谈判	生产车间管理	采购支付抉择
企业绩效分析	资金调度与风险管理	按时交货	成品库存管理	与财务部门协调
管理授权与总结	财务分析与协助决策	销售绩效分析	产品外协管理	与生产部门协同

各组成员可以根据自己的专长选择不同的职能部门。当人数较多时，可设置助理职位，如财务助理等。

二、高效的企业运营团队

（一）职位与职责

沙盘盘面按照制造企业的职能部门划分了1个团队核心与4个职能中心，分别是综合管理中心、财务中心、营销与规划中心、生产中心和物流中心。各职能中心覆盖了企业运营的所有关键环节：战略规划、财务管理、市场营销、生产组织、采购管理、库存管理等。各个部门的领导人是企业的核心，是企业能够高效运营的保障。

总经理，即 CEO　整个管理团队中的核心人物，企业中所有重大的决策都必须由总经理带领团队成员共同完成。如果团队内部意见不统一，则最终由总经理决定。

总经理

营销总监　只有产品卖出去了，企业才能生存，才能发展。可见，销售是企业利润来源的关键。因此，营销总监的职能就是开拓市场和销售产品。

财务总监

财务总监　负责企业经营运作资金的筹集，反映资金的来龙去脉，并将经营成果在企业的报表中反映出来。

营销总监

生产总监

生产总监　生产部门要完成产品的生产任务，保证销售的供应。生产总监是生产部门的负责人，职责是依据销售任务制订生产计划、协调生产线、组织生产、调控生产过程，以实现企业生产资源的最优化配置，并负责新产品的研发。

采购总监　采购是企业生产的第一环节。采购总监负责寻求、分析物资供应市场的变化，制订、实施原材料采购和供应计划，为生产打好坚实的后勤基础。

采购总监

（二）高效团队的要素

在实训中，要将所有的学生分成若干个团队。团队就是由少数有互补技能，愿意为了共同目标而相互承担责任的人组成的群体。在每个团队中，各成员分别担任重要职位，包括 CEO、财务总监、营销总监、生产总监和采购总监等职位。在经营过程中，团队的合作是必

不可少的。要打造一支高效的团队，应注意以下几点。

1. 有明确的共同目标

团队必须共同发展，并且要共同完成一个目标。这个目标可以使团队的成员向相同的方向努力，能够激发每个团队成员的积极性，并且使成员行动一致。团队要将总体的目标分解为具体的、可度量的、可行的行动目标。这些具体的目标和总体目标要紧密结合，并且要根据情况随时进行相应的调整。例如，团队确立了自己6年发展的总目标，还要分解到每一年和每一个季度具体如何运营。

2. 确保团队成员有互补的能力

团队成员必须有一个良好的能力组合。例如，担任财务总监的成员要比较细心，对财务的相关知识有一定的了解；而担任CEO的成员应该具备比较强的协调能力和组织能力。

3. 有一位好的团队领导

在经营过程中需要做出各种决策，这就需要团队领导不仅能够统领全局，协调各部门之间的关系，充分调动每个成员的积极性，而且能够做出正确的决策。要组建一个高效、统一的团队，团队领导必须学会在缺乏足够的信息和统一意见的情况下及时做出决定，果断的决策机制往往是以牺牲民主和不同意见为代价而获得的。对于团队领导而言，最难做到的莫过于避免被团队内部虚伪的和谐气氛所误导。应采取各种措施，努力引导和鼓励适当的、有建设性的良性冲突。要将被掩盖的问题和不同意见摆到台面上，通过讨论和合理决策将其解决，否则将对企业的发展造成巨大影响。

4. 履行好各自的责任

各成员应该按照自己的岗位职责开展经营活动，并且应该把自己的工作做好。例如，采购总监应该负责原材料的采购，如果出现差错，就会直接影响以后的生产，而生产的产品数量又影响交单的情况。因此，一个小环节的疏漏，可能导致满盘皆输。

学完本任务后，你肯定掌握了一个高效的企业运营团队应该具备的条件。你打算在团队中担任什么职务呢？你在团队中的职责又是什么呢？

任务二 创业萌芽

导学语

组建了自己的团队后，你们是否已跃跃欲试想经营一家企业呢？"千里之行，始于足下"，事不宜迟，让我们马上开始吧。

做与学

企业团队建设虽不是一件轻松的事情，但也不像大多数人认为的那样是非常困难的事情，常常感觉好像无从下手。一般情况下，可以借助一些常见的管理工具来简化团队建设工作。团队成员应深入认识自我，明确团队成员具有的优势和劣势、对工作的喜好、处理问题的方式、基本价值观差异等。通过这些认识，在团队成员之间形成共同的信念和一致的对团队目标的看法，以建立起团队运行的规则。

每一个团队都有其优势和劣势，而团队要取得成功就必须把握机会，面对威胁。通过分析团队所处环境来评估团队的综合能力，找出团队的综合能力和团队目标之间的差距，以明确团队如何发挥优势、回避威胁，提高团队迎接挑战的能力。

以团队的任务为导向，要使每个团队成员清楚了解团队的目标、行动计划。为了能够激起团队成员的激情，应树立阶段性里程碑（目标），使团队对任务目标看得见、摸得着，创造出令成员兴奋的愿景。现在发布的团队任务如下。

一、团队初考验——校园创业比赛

如果在校内给你的团队提供一个创业机会，你们将会怎么做？

（一）假设条件

① 学校创业孵化基地提供创业资金 40 000 元，不足时团队可自行追加投资。

② 免费提供室内场地，约 40 m²。

③ 经营类型自定，但所经营内容应积极、健康、符合

校园文化。

④ 注意事项：为安全起见，严禁明火。

（二）实训任务

实训任务一　完成创业设计方案及创业计划书，并制作 PPT 和宣传海报。
实训任务二　各团队派出代表进行展示、答辩，师生共同点评。

二、创业方案设计要点说明

（一）市场分析

① 环境分析：分析校内外是否有类似竞争对手，以及市场空间和市场前景等。
② 顾客分析：消费人群、消费习惯、产品需求量等。
③ 优劣势分析：分析为何选择该项目进行创业，运用 SWOT 方法分析其优势和劣势。

（二）组织筹备计划

① 市场调查：是否需要进市场调查？如果需要将如何开展？
② 店面装修：简述将如何装修，以及配套哪些设备、用具。
③ 货源渠道：简述如何开拓货源渠道、从何处进货。

（三）主营产品与定价

① 主营产品：列出主要经营产品。
② 定价：列出主要产品定价。

（四）资金预算

① 资金来源：主要指追加投资资金的来源。
② 支出预算：分类支出预算，相关设备、原材料报价。可查阅淘宝、京东网。
③ 预计收益：对开业后一年内的收益进行预算。

（五）人员安排

对本团队人员进行详细分工，并列出各自职责。

（六）营销策略

略。

（七）其他（如市场调查报告）

略。

三、创业计划书

请从项目背景、项目描述、市场分析、策略分析、财务分析、计划实施、预期成果七大方面来完成校园创业计划书。（创业计划书模板见附录 A）

校园创业方案设计既是企业模拟经营的缩影，也是考验团队协作能力的有效途径。那么，就请各个团队发挥自身特长，通力协作，制定出本团队的最佳方案吧！

思政育人

技校生"逆袭"，靠双手改变命运

张勇，这位出生在四川简阳的"70后"，儿时最深刻的记忆就是贫穷。初中毕业后，他在父母的要求下，进了简阳一所包分配的技校学电焊。

18岁，张勇技校毕业，分配到了他父亲当厨师的国营四川拖拉机厂。1994年，经历了几次"走捷径"失败后，张勇决定正正规规地开家火锅店。就在他为取名而烦恼时，一旁打麻将的老婆正好和了把"海底捞"，于是一家具有传奇色彩的火锅店诞生了……

1994年，第一家"海底捞火锅"正式开业。如今，他管理着2万多名员工，公司年营业额达数十亿元。从技校生到海底捞董事长，张勇是如何做到的呢？

张勇说："餐饮是一个完全竞争的行业，顾客体验至关重要。我们在很早的时候就非常重视顾客满意度，而顾客满意度是由员工来保证和实现的。因此，我们确立了'双手改变命运'的核心理念来凝聚员工。想借此传达的是，只要我们遵循勤奋、敬业、

诚信的信条，我们的双手是可以改变一些东西的。我们在服务上的创新都是员工自己想出来的，因为他们深受'双手改变命运'这个核心理念的鼓舞。"

团队讨论

① 看完这篇文章，你有什么感想？不妨把它写下来，作为鼓励自己的信条，或者与志同道合的同学一道分享。

② 海底捞成功的主要因素有哪些？

③ 党的二十大报告指出"提高全社会文明程度""弘扬中华传统美德"，请你结合自身经历或查阅相关资料，谈谈海底捞弘扬了哪些中华优秀传统美德。

项目二　学习规则，筹建企业

任务一　认识 ERP 沙盘盘面及道具

导学语

思政小课堂

职业素养之廉洁自律

我们终于可以开业啦！别太急，没有规矩，不成方圆！下面将带你认识 ERP 沙盘盘面及道具。

做与学

沙盘盘面按照制造企业的职能部门划分了 4 个职能中心，分别是营销与规划中心、生产中心、物流中心和财务中心。各职能中心覆盖了企业运营的所有关键环节——战略规划、市场营销、生产组织、采购管理、库存管理、财务管理等，是一个制造企业的缩影。企业模拟经营沙盘盘面如图 2-1 所示。

原材料：主要原材料有 R1（红色币）、R2（绿色币）两种，通过采购获得，每个原材料价值 1 万元。在生产时，这两种材料通过不同组合形成相应的产品。

资金：用灰色币表示，代表企业拥有或已支付的资金，每个币值 1 万元。

产品：企业主要生产的产品有 P1、P2 两种。其中，P1 产品的成本由 1 个 R1 原材料 +1 万元加工费组成；P2 产品的成本由 1 个 R1 原材料 +1 个 R2 原材料 +1 万元加工费组成。

空桶：用来表示原材料订单、贷款、应收款等。

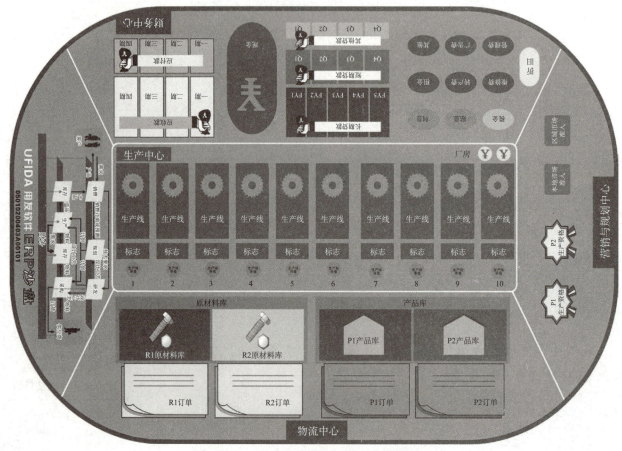

图 2-1 企业模拟经营沙盘盘面

生产资格证：新产品的研发往往会影响企业今后的竞争力。同时，无论企业想生产什么产品，都要事先取得相应的生产资格证，否则制造出来的产品属于非法产品，不能合法销售。企业主要有 P1、P2 两种生产资格证。

市场准入证：企业的生存和发展离不开市场这个大环境，要在不同的市场中发展，就必须进行不同类型、不同程度的新市场开拓。本地市场作为企业所在地的市场，无须复杂的开拓过程，可以直接购买本地市场的准入证。

生产线：主要有手工生产线、自动生产线两种。不同生产线的购置价格、生产周期、维

修费用、折旧费用不相同，企业可根据生产需要自行购置。

生产标志：主要有 P1、P2 两种标志，用于标识生产线生产的产品类型。

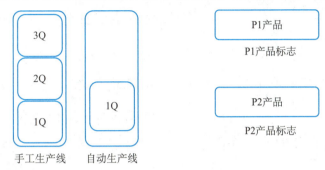

手工生产线　　自动生产线　　　　　　P1产品标志

P2产品标志

结束语

学习了 ERP 沙盘盘面及道具，现在你能准确说出沙盘盘面的 4 个职能中心吗？沙盘模拟经营需要什么道具？它们的用途又是什么呢？

任务二　学习沙盘模拟经营规则

导学语

认识了 ERP 沙盘盘面及道具，我们还需进一步学习沙盘模拟经营规则。就让我们一起来学一学吧！接下来的训练一定要按规矩办事，否则后果会很严重喔！

做与学

一、 营销规则

（一）市场开发的规则

企业要生存、要发展，就得根据客户的需求研发新的产品，不断地开拓市场，扩大产

品的销售范围。本实训活动的市场，按地区分为本地市场和区域市场。企业在进入市场的时候需要支付一定的资金，用于市场调研、产品宣传等活动。

1. 本地市场

在开办企业时已支付 1 万元，每个企业都可以长期使用，不用再支付其他的后续费用。

2. 区域市场

企业在开发区域市场时，年末一次性支付 1 万元，下一年才能进入该市场。

（二）订货会的规则

企业要生存，就必须积极向客户推荐自己的产品，在激烈的市场竞争中取得订单。

1. 广告投放的规则

广告是按市场与产品品种投放的。投放 1 万元获得一次在该市场、该产品品种上选单的权力，以后每多投 1 万元就增加一次选单的机会。但不管获得多少次选单权力，每次都只能选择一张订单。广告投放单如表 2-1 所示。

表 2-1　广告投放单

企业名称	组　　别	产　品	本地市场	区域市场	提交时间
		P_1			
		P_2			
		合　计			

2. 订单取得的规则

（1）选择订单的排名顺序

企业通过投放广告来取得订单，并根据企业该年投放的产品广告金额来决定该产品的选单顺序。订单按市场、按产品投放。例如，按本地市场的 P1、P2 产品次序及区域市场的 P1、P2 产品次序投放，各企业按照排定的顺序来选择订单。排定企业选单顺序的原则如下。

① 广告的投放额与获得订单的机会成正比，投放金额高的排列在前，投放金额低的排列在后。

② 如果两个或两个以上的企业在同一产品投入的广告费一样，则按本市场的广告总投入量（包括在 P1 和 P2 产品上投入的广告费总量）进行排名。

③ 如果市场广告总投入量一样，则看上年本市场销售排名。如果仍无法决定，则先投广告者先选单。

（2）订单的选取流程与要素

按选单顺序先选第一轮，每个企业一轮只能选择一张订单。待各企业都选完后，再按原顺序开始下一轮的选单，直到选完为止。订单有以下 4 个要素。

① 数量：要求各企业一次性按照规定数量交货，既不得多交，也不得少交，更不得拆分交货。

② 总价：交货后企业将获得一定的应收款或现金。

③ 交货期：如果是加急订单，则必须在指定的季度之前（含当季）交货，否则可以在当年任一季交货。但必须当年交货，不得拖到第二年。

④ 账期：在交货后过若干季度收到现金。例如，账期为 2 季（Q），实际在第三季度完成交货，则将在下一年第一季度更新应收款时收到现金。

特别提示：收现时间从实际交货季度算起。如果账期为 0，则交货时直接收到现金。

（3）产品销售的规则

产品销售出去收回货款，意味着成本、费用等支出可以得到补偿，在正常的情况下应该有盈余，也就是获得了利润。因此，应按时向客户交货，避免违约被处罚。

违约处罚规则：取消该张订单，并按违约订单销售额的 25%（向上取整）罚款。

订单登记表如表 2-2 所示。

表 2-2 第（　　）年订单登记表　　　数量单位：个　金额单位：万元

订单号								合　计
市场								
产品								
数量								
账期								
销售额								
成本								
毛利								
未售								

二、采购规则

采购总监要熟悉和掌握下达采购订单、采购材料的规则，才能做好采购计划，保证生产

的正常进行。

原材料采购需要提前一个季度向原材料供应商（指导教师）下订单。R1和R2原材料的价格都是1万元／个。

① 购买原则。严格按照订单数量购买，要根据生产产品所需要的原材料来计算原材料的购买数量，并按规定支付原材料费，不得拖欠货款。本季度采购完成后才能订购下一季度的原材料。在实训过程中，应根据订单的品种、数量做好原材料的订购计划，避免出现停工待料或积压的现象。原材料采购规则如表2-3所示。

表2-3　原材料采购规则

品　　种	价　　格	提前期
R1	1万元	1季
R2	1万元	1季

② 紧急采购规则。当企业在生产过程中出现原材料不足无法生产或产品不足无法按时交货时，可通过紧急采购操作购买相应的原材料或产品，购买后即刻入库。原材料紧急采购价格为成本的2倍，产品紧急采购价格为生产成本的3倍。原材料、产品紧急采购价格规则如表2-4所示。

表2-4　原材料、产品紧急采购价格规则

品　　种	成　　本	紧急采购价	品　　种	成　　本	紧急采购价
R1	1万元	2万元	P1	2万元	6万元
R2	1万元	2万元	P2	3万元	9万元

三、生产规则

（一）厂房使用的规则

一个企业要正常运行，首先要有厂房、机器设备等生产资料。

厂房在组建企业当年购置完成，价值为20万元。在使用期间不用计提折旧，也不允许卖掉，要一直使用下去。厂房内最多可安装10条生产线进行产品生产。

（二）设备购置、处置的规则

设备有手工生产线和自动生产线两种，基本情况如表2-5所示。

表 2-5　生产线的基本情况

生产线	购买价	安装周期	生产周期	折旧额	残　值	每年维修费
手工生产线	5 万元	无	3 季	1 万元／年	1 万元	1 万元
自动生产线	12 万元	1 季	1 季	2 万元／年	4 万元	1 万元

购置设备的规则如下。

① 购买生产线必须一次性支付价款。手工生产线支付设备款后就可以开始使用，进行产品生产；自动生产线要等到下一季度生产线安装完毕后才可以开始生产。

② 生产线上的格子代表生产周期，每条生产线上最多只能有一个在产品。

③ 生产线从建成的当年开始提取折旧，即年底只要生产线的价值大于残值，就必须计提折旧。手工生产线折旧额每年 1 万元，自动生产线折旧额每年 2 万元，每年均是如此。当生产线的价值等于残值时，该生产线不再提取折旧。已经提完折旧的生产线，仍然可以使用。

④ 生产线可以卖给设备供应商（指导教师），售价按照残值计算。（注意：其做法是从生产线的价值处取出残值，放入"现金区"作为现金使用，其余的价值作为费用放入"其他"处）

⑤ 生产线可以生产任何获得生产资格证的产品。

⑥ 生产线不允许在企业之间转让和出售。

（三）产品生产的规则

产品生产要注意产品的成本构成。产品的成本构成是计算利润的一个重要因素。同时，也要注意产品按计划完工入库，确保能按时交货给客户。产品的成本构成如表 2-6 所示。

表 2-6　产品的成本构成

产品名称	R1 原材料		R2 原材料		加工费	合　计
	数　量	金　额	数　量	金　额		
P1	1 个	1 万元			1 万元	2 万元
P2	1 个	1 万元	1 个	1 万元	1 万元	3 万元

（四）新产品研发的规则

① P1 产品是各企业本身正在生产的，因此不需要研发；P2 产品则需要研发，其研发规则如表 2-7 所示。

表 2-7　P2 产品研发的规则

产品名称	研发时间	研发投资额	研发投资总额
P2	2 季	2 万元／季	4 万元

② P2 产品在研发过程中要注意以下规则。

● 研发费用的投入分期进行，每季度进行一次，投资额为 2 万元。

● 研发过程可以随时中断和延续，但不允许超前或集中投入。

● 研发的投资不能回收。

● 研发完成之后，获得资格证后才允许上线生产。

● 取得的产品资格证不允许转让。

四、财务规则

财务总监要熟悉和掌握筹集资金、使用资金、计算所得税等规则，才能保证企业生产经营及日常运行的资金需要，并及时向报表使用者反映企业财务状况和经营情况。

（一）筹集资金的规则

资金的筹集和分配是非常重要的，需要进行周密的统筹与安排，生产经营活动才能正常地进行下去，否则举步维艰。因此，贷款的数量和还本付息的时间一定要做好计划。

1. 短期借款规则

企业筹集资金常用的方式是向银行申请短期贷款，规则如表 2-8 所示。具体情况如下。

表 2-8　贷款规则

贷款时间	贷款限额	贷款期限	贷款利率 / 年	还款形式
每个季度初	上限为 120 万元	一年（4 季）	5%	到期还本付息

① 每季度初可以进行贷款，每次贷款的金额为 20 万元的倍数，如 20 万元或 40 万元。

② 贷款最多不能超过 120 万元，也就是说整个盘面上的贷款不能超过 6 桶，每桶 20 万元。

③ 贷款年利率为 5%。

④ 贷款周期为 4 季，到期还本付息。其计算公式为：

$$应偿还的本金利息 = 本金 \times （1+5\%）$$

2. 应收款贴现规则

企业筹集资金的第二种方式是将持有的应收款向银行申请贴现。其规则如表 2-9 所示。

表 2-9　应收款贴现规则

贴现时间	贴现限额	贴现率（贴现利息金额向上取整）
随时	视应收款数额	账期 1 季、2 季——10% 账期 3 季、4 季——12.5%

（二）费用支付的规则

费用是企业在生产经营过程中发生的开支，是影响利润的一个重要因素，因此必须按照规则支付。其支付规则如表2-10所示。

表2-10　费用支付规则

费用种类	广告费	管理费	设备维修费	折旧费	利　息	市场开拓费	产品研发费
支付时间	每年年初	每季季末	每年年末	每年年末	贷款到期	开拓年年末	产品开始研发
支付金额	自定	1万元	手工：1万元/条 自动：1万元/条	手工：1万元/条 自动：2万元/条	1万元/桶（20万元）	1万元	2万元/季

小提示

① 设备安装完毕后，不论是否投入生产，每年年末都需要交纳维修费用。

② 生产线提取的折旧费不会减少现金的数额。它是从生产线的净值中取出规定的折旧额，放在"折旧"区内。

③ 当年出售的生产线，当年无须交纳维修费。

（三）所得税规则

企业发生年度亏损，可以用下一纳税年度的税前利润弥补。不足弥补的，可以逐年延续弥补。弥补亏损后仍有盈余的，应按所剩盈余的25%取整计算并缴纳所得税。调整方法为：

① 如果上年的利润留存为负数，则用本年利润扣减之后的余额计缴所得税。

② 如果上年的利润留存为正数，则直接按本年利润总额计缴所得税。

每年年末企业应按当年调整后的利润总额计算应缴纳的所得税税额，在下一年年初时缴纳。其计算公式为：

$$应纳所得税税额 = 调整后的利润总额 \times 25\%（税额向下取整）$$

（四）违约订单罚款的规则

企业因生产预算出错等多种原因，导致当年出现无法按期交货的订单时，需要缴纳违约订单罚款。违约订单罚款金额按照违约订单销售总额的25%计算并向上取整。

$$违约订单罚款金额 = 违约订单销售总额 \times 25\%（金额向上取整）$$

五、CEO的统筹

CEO必须熟悉每项规则，才能协调各岗位工作，带领团队，有效运营企业。

CEO 需要协调各个岗位人员的工作进程，带领团队经营。当团队成员出现不同的意见时，要果断做出正确的决策。

结束语

学完本任务，你能完整地总结出沙盘模拟经营规则包括哪些吗？在学习和掌握了详细的经营规则后，你是否对企业运营有了更加深刻的理解呢？

任务三 筹办企业

导学语

我们已经组建好团队，学习完规则。接下来可以筹办企业了！让我们一起来准备吧！

做与学

一、获取投资

企业要运作，首先要有钱。为公平起见，每家企业获得的投资都是 60 万元。这笔钱由各企业的财务总监从股东处领回，放在沙盘盘面的"现金"区。

小提示 这笔资金可供企业自由支配，不需要还本付息。

二、购置厂房

企业要进行生产经营，就要有场地，即厂房。购建厂房需要 20 万元。财务总监从"现

金"区拿 20 万元放到厂房价值区，表示该厂房的价值为 20 万元。

小提示　厂房最多可容纳 10 条生产线，厂房不需要计提折旧。

三、申办资格证

① P1 生产资格。目前，企业处于发展初期，只取得 P1 系列产品的生产许可证。财务总监用 1 万元现金作为认证费用，将等值的资金放置于营销与规划中心的"P1 生产资格"区，并与生产总监一起向教师（裁判）申请 P1 产品的生产资格认证。申请通过，则将生产资格证放置于营销与规划中心的"P1 生产资格"区。

② 本地市场准入资格证。本地市场作为企业所在地的市场，无须复杂的开拓过程，可以直接购买本地市场准入资格证。财务总监用 1 万元现金作为准入费用，与营销总监一起购回本地市场准入资格证，并将准入资格证放置于营销与规划中心的相应区域，将等值的资金放置于营销与规划中心的"本地市场准入"区。

四、购置生产线

有了厂房，就可以购买设备来生产产品了。筹建阶段无任何生产线，需要在第一年第一季度根据实际需要自行购置。

五、预订材料

企业为下一步的生产做好准备，现在要向原材料供应商下订单。采购总监与原材料供应商签订协议，预订 3 个 R1 系列的原材料，并将 3 个原材料订单（空桶）倒扣于物流中心的"R1 订单"区。

至此，恭喜各团队，属于你们自己的企业筹办完成，可以正式运作啦！

思政育人

诚信始于心，商道践于行

1985年，海尔公司从德国引进了世界一流的冰箱生产线。一年后，有用户反映海尔冰箱存在质量问题。海尔公司在给用户换货后，对全厂冰箱进行了检查，发现库存的76台冰箱虽然制冷功能良好，但外观有划痕。时任厂长的张瑞敏把全厂职工集合起来，问大家该怎么处理。有人提议，反正不影响使用，索性低价销售，退一步讲，这也是业内潜规则。

张瑞敏义正词严地说："我要是允许把这76台冰箱卖了，就等于允许你们明天再生产760台这样的冰箱。"接着，张瑞敏下令，将76台冰箱全部砸掉，"谁干的谁来砸"。职工们不舍，毕竟一台冰箱的价格是他们两个月的工资，张瑞敏见状亲自抡起大锤，砸下第一锤，很多人流下泪来。

面对此情此景，张瑞敏语气坚定地说："过去大家没有质量意识，所以出了这起质量事故。这是我的责任。这次我的工资全部扣掉，一分不拿。今后再出现质量问题就是你们的责任，谁出质量问题就扣谁的工资。"自此，"质量"二字在海尔职工心中落地生根。

三年后，海尔产品在全国评比中获得国家质量金奖，这是电冰箱行业取得的第一枚质量金牌。

多年后，被问及1985年怒砸冰箱的动机，张瑞敏这样说："1984年我到西德考察，当地产品精湛的工艺给了我极大的冲击。我问自己，'我们中国人并不比德国人笨，难道我们就不能做得和他们一样吗？'"

时至今日，海尔集团已成为国内企业管理的标杆，而张瑞敏挥锤的画面被永久定格在一张相纸上，透过泛黄的画面，那些追寻管理进步的后来者仍能从中感受到当年质量觉醒的勇气。

团队讨论

① 张瑞敏为什么要砸冰箱呢？

② "海尔砸冰箱"给了我们什么启示？

③ 党的二十大报告指出"建设现代化产业体系""加快建设质量强国"，请你结合自身的学习，谈谈一个企业怎样才能守住质量这根"生命线"。

项目三 熟悉业务，经营摸索

任务一 了解年初工作

导学语

在初次接触沙盘时，往往不知道该怎样在盘面上进行操作，常常出现手忙脚乱的情况。本次任务就是结合企业经营规则，解决经营过程中的操作问题。为了经营好企业，年初应做好整体经营规划。那么，年初应当做些什么？经营规划应从哪里着手呢？

做与学

一年之计在于春。在一年之初，企业应当谋划全年的经营，预测可能出现的问题和情况，分析可能面临的问题和困难，寻找解决问题的途径和办法，使企业未来的经营活动处于掌控之中。为此，企业首先应当召集各位业务主管召开新年度规划会议，初步制定企业本年度的投资规划。接着，营销总监参加一年一度的产品订货会，竞争本年度的销售订单。然后，根据销售订单的情况，调整企业本年度的投资规划，制订本年度的工作计划，开始本年度的各项工作。

一、投资规划

常言道："预则立，不预则废。"在开始新的一年经营之前，CEO 应当召集各位业务主管召开新年度规划会议，根据各位主管掌握的信息和企业的实际情况，初步提出企业在新一年的各项投资规划，包括市场开拓、产品研发、

设备投资等规划。同时，为了能准确地在一年一度的产品订货会上争取销售订单，还应当根据规划精确地计算出企业在该年的产品完工数量，确定企业的可接订单数量。

新年度规划内容涉及企业的发展战略规划、投资规划、生产规划和资金筹集规划等。要做出科学合理的规划，结合目前和未来的市场竞争对手可能的策略及本企业的实际情况，对市场进行准确的预测，并从以下几个方面展开。

（一）市场开拓规划

企业只有开拓了市场才能在该市场销售产品，企业拥有的市场决定了企业产品的销售渠道。因此，在进行市场开拓规划时，企业主要应当明确几个问题：企业的销售策略是什么；企业的目标市场是什么；什么时候开拓目标市场。

（二）产品研发规划

企业如果要增加投入，就必须多销售产品。要多销售产品，除了销售市场要足够大，还必须有多样化的产品，因为每个市场对单一产品的需求总是有限的。为此，企业需要做出是否进行新产品研发的决策。企业如果要进行新产品的研发，就需要投入资金，同样会影响当期现金流量和所有者权益。

（三）设备投资规划

企业生产设备的数量和质量会影响产品的生产能力。在设备投资时，应当重点考虑资金的问题，防止出现由于资金问题而无法投资，或者投资完成后由于没有资金不得不停工待料等情况。

召开新年度规划会议以后，由CEO在附录B"第1年经营记录表"中"新年度规划会议"后打"√"。第1年经营记录表年初部分如图3-1所示。

用户_____		第　1　年经营	
操作顺序	企业经营流程	每执行完一项操作，CEO请在相应的方格内打钩。	
	操作流程		记　录
年初	新年度规划会议	√	
	广告投放		
	参加订货会选订单/登记订单		
	支付应付税(25%)		

图3-1　第1年经营记录表年初部分

二、生产计划

生产计划由生产总监制订。生产总监既要根据现有的生产设备正确计算企业的现有产能，还要根据 CEO 的发展规划计算企业购进设备后的产能，把企业在某一年内的总产能提供给营销总监作为参考，为争取销售订单提供依据。

企业某年某产品可接订单数量的计算公式为：

某年某产品可接订单数量 = 年初该产品的库存量 + 本年该产品的完工数量

上述公式中，年初该产品的库存量既可以从沙盘盘面的仓库中找到，也可以从营销总监的经营记录表中找到（实际工作中从有关账簿中找到）。这里，最关键的是确定本年该产品的完工数量。

完工产品数量是生产部门通过排产来确定的。在沙盘企业中，生产总监根据企业现有生产线的生产能力，结合企业当期的资金状况确定产品上线时间，再根据产品的生产周期推算产品的下线时间，从而确定出每个季度每条生产线产品的完工情况。

例 3-1　某企业第 1 年准备投产 P1 产品。年初没有库存产品，结合第 1 年企业的资金状况，预计在年初新建 3 条手工生产线和 1 条自动生产线。请计算第 1 年 P1 产品可接订单数量。

手工生产线无须安装，生产周期为 3 个季度，在第 1 年第一季度新建的手工生产线在第 1 年的产量仅为 1 个 P1 产品。例题中总共新建了 3 条手工生产线，因此第 1 年手工生产线的总产能为 1×3=3（个）。

自动生产线安装周期为 1 个季度，生产周期为 1 个季度，在第 1 年第一季度新建的自动生产线在第 1 年的产量为 2 个 P1 产品。因此：

第 1 年 P1 产品可接订单数量=0+(3+2)=5（个）

三、销售计划

销售计划由营销总监制订。营销总监要搜集市场信息，了解竞争对手的情况，预测市场的需求；根据企业自身的产能，合理地计划广告的投入，争取在订货会上快速交货、收回货款或加快应收账款的收回。

对于沙盘企业而言，销售产品的唯一途径就是参加产品订货会，争取销售订单。参加产品订货会需要在目标市场投放广告，只有投放了广告，企业才有资格在该市场争取订单。

在参加订货会之前，企业需要分市场、分产品在广告费用投放单上登记投放的广告费金额。投入 1 万元有一次选单的权力，以后每多投 1 万元增加一次选单的机会。应当注意的是，企业争取的订单原则上不能突破企业的最大产能，否则如果不能按期交单，就会给企业带来巨大的损失。

沙盘企业中，广告费一般在参加订货会前一次性支付。因此，企业在投放广告时，应当充分考虑企业的支付能力。也就是说，投放的广告费一般不能超过企业年初未经营前现金库中的现金余额。

例 3-2　某企业第 1 年年初营销总监参加订货会，本地 P1 产品订单有 6 张，每张的数量与单价均相等。总共有 6 家公司参与竞单，每家公司只能抢得一张订单。结合例 3-1，预计第 1 年 P1 产品可接订单数量为 5 个，因此经管理层会议研究决定，第 1 年参加订货时投入 1 万元的广告费。

第 1 年的订单信息如图 3-2 所示。

编　号	市　场	产　品	数　量	总　价	交货期	账　期
6-0001	本地	P1	5 个	25 万元	4 季	0
6-0003	本地	P1	5 个	25 万元	4 季	0
6-0005	本地	P1	5 个	25 万元	4 季	0
6-0007	本地	P1	5 个	25 万元	4 季	0
6-0009	本地	P1	5 个	25 万元	4 季	0
6-0011	本地	P1	5 个	25 万元	4 季	0

图 3-2　第 1 年的订单信息

确定投入的广告费之后，由营销总监在广告投放单上填写投放广告的金额。第 1 年的广告投放单如图 3-3 所示。

企业名称	组　别	产品	本地市场	区域市场	提交时间
		P1			
		P2			
		合　计			

图 3-3　第 1 年的广告投放单

营销总监凭 1 万元的广告费为企业争取了一张销售订单。选单之后，需要由营销总监登记订单信息。假设某企业本年取得的订单信息是：编号 6-0001；本地市场；产品 P1；数量 5；单价 5 万元。第 1 年的订单登记表如图 3-4 所示。

数量单位：个 金额单位：万元

订单号	6-0001							合 计
市场	本地							
产品	P1							
数量	5							
账期	0							
销售额	25							
成本								
毛利								
未售								

图 3-4　第 1 年的订单登记表

为了将已经销售和尚未销售的订单进行区分，营销总监在登记订单时，只登记订单号、销售数量、账期，暂时不登记销售额、成本和毛利，当产品销售时再进行登记。

完成订单的登记后，由 CEO 在附录 B 的第 1 年经营记录表中"广告投放"处注明"-1"（表示投入 1 万元的广告费），在"参加订货会选订单/登记订单"处打"√"，如图 3-5 所示。

用户_____		第__1__年经营	
操作顺序	企业经营流程	每执行完一项操作，CEO 请在相应的方格内打钩。	
	操作流程		记　录
年初	新年度规划会议	√	
	广告投放	-1	
	参加订货会选订单/登记订单	√	
	支付应付税(25%)	√	

图 3-5　第 1 年经营记录表年初部分

四、采购计划

采购计划由采购总监制订。采购总监根据生产计划进行采购，准确计算何时下订单，订什么原材料，订多少。一定要保证生产不间断地正常进行，但也不能造成原材料过剩，积压资金。具体应考虑以下问题。

（一）采购什么

根据生产的产品品种确定原材料采购的品种：生产 P1 产品要采购 R1 原材料；生产 P2 产品要同时采购 R1 和 R2 原材料。

（二）采购多少

根据生产批量确定采购数量，即根据下一季度的生产数量，结合库存数量提前一个季度决定订购数量。

（三）何时采购

要达到"既不出现物料短缺，又不出现库存积压"的库存管理要求，就要有采购提前量，并正确计算生产所需。

五、 资金规划

资金规划由财务总监制定，财务部门必须保证企业经营活动所需的资金。财务总监应做好资金筹划，合理安排资金，监控资金的使用，提高资金的使用效率。

财务总监应考虑的问题：根据销售计划准备好广告费，根据生产计划准备好加工费，根据采购计划准备好原材料款，根据产能的扩大准备资金购买设备，以及债务的到期偿还和管理费、设备维修费、产品研发及市场开发费用的支付等。

结束语

企业的年初规划需要充分考虑投资、生产、销售、采购和资金等多方面内容，进行综合协调，并以此开展新一年的企业模拟经营。

任务二　了解日常经营

导学语

在做好年初经营规划之后，就可以进行企业的年度经营了，大家是否跃跃欲试了呢？别

急，在经营过程中要进行规范的操作，防止出现由于操作失误影响结果的情况。

企业制订新年度计划后，就可以按照经营规则和工作计划进行经营了。为了使企业经营更加规范，我们对企业日常经营业务进行归纳分类，形成企业经营流程，即ERP沙盘模拟经营记录表。ERP沙盘模拟经营记录表反映了业务的先后顺序，本任务将按照经营记录表的顺序，对日常经营过程中的操作要点进行详细介绍。

一、季初盘点

为了保证账实相符，企业应当定期对资产进行盘点。盘点主要采用实地盘点法，即对沙盘盘面的总资产逐一清点，确定出实有数。然后，将其填入经营记录表的相应流程内或与上年末报表（资产负债表）账面数进行核对，确保账实相符（季初余额等于上一季度末余额）。

想一想　企业的总资产有哪些？需要对什么项目进行季初盘点呢？（盘点工作可结合沙盘盘面进行）

（一）CEO

在监督各成员正确完成以下操作后，CEO在经营记录表对应的方格内打"√"。

（二）财务总监

财务总监根据上季度末的现金余额填写本季度初的现金余额。

第一季度现金账面余额的计算公式为：

$$年初现金余额＝上年年末库存现金－支付的本年广告费－$$
$$支付上年应缴的税金＋其他收到的现金$$

（三）采购总监

采购总监根据上季度末库存原材料盘点核实本季度初库存原材料。

（四）生产总监

生产总监根据上季度末库存在产品数量盘点核实本季度初在产品数量。

（五）营销总监

营销总监根据上季度末产成品数量盘点核实本季度初产成品数量。

二、 申请短期贷款／更新短期贷款／还本付息

企业要发展，资金是保证。在经营过程中，如果缺乏资金，则正常的经营可能都无法进行，更谈不上扩大生产、产品研发和开拓市场了。如果企业的经营活动正常，则从长远发展的角度来看，应适度举债，"借鸡生蛋"。

企业筹集资金的方式主要有长期贷款和短期贷款：长期贷款主要用于长期资产投资，如购买生产线、产品研发等；短期贷款主要解决流动资金不足的问题。两者应结合起来使用，本书主要介绍短期贷款业务。短期贷款的借入、利息的支付和本金的归还都是在每个季度初进行的；其余时间要筹集资金，只能采取其他方式，如贴现、出售库存等。

① 申请短期贷款。例如，企业需要借入 40 万元的短期贷款，则短期贷款借入后，放置一个空桶在短期贷款的第四账期处，在空桶内放置一张写有借入该短期贷款信息（40 万元）的纸条，并将现金放在现金库中。

② 更新短期贷款。在盘面上将短期贷款（空桶）往现金库方向推进一格，表示短期贷款离还款时间更接近。例如，上一季度在第四账期处，则本季度移至第三账期处。如果盘面上短期贷款处于第一账期处，则表示该贷款下季度到期，应还本付息。

③ 还本付息。财务总监从现金库中拿出利息放在盘面上综合费用的"利息"处，拿出相当于应归还贷款本金的现金到交易处偿还短期贷款。例如，贷款本金为 20 万元，到期还本付息金额为 21 万元，则应从现金库中拿出 1 万元利息放在盘面上综合费用的"利息"处，拿出 20 万元归还贷款本金的现金到交易处偿还短期贷款，并清空盘面上短期贷款的第一账期处的空桶。

短期贷款业务在经营记录表中的相关记录如图 3-6 所示。

2	更新短期贷款／短期贷款还本付息	√	−21	√	√
3	申请短期贷款	40	√	√	40

图 3-6　短期贷款业务经营记录

三、 原材料入库／更新原材料订单

企业只有在上一季度订购了原材料，本季度才有原材料可以入库。

（一）采购总监

采购总监负责原材料入库。

例如，企业在上一季度预订了 3 个 R1 原材料，本季度需要办理原材料入库手续。采购总监将盘面"R1 订单"处的 3 个空桶翻转后移至"R1 原材料库"处，从财务总监处领取 3 万元现金，在交易处买回原材料后，放在沙盘对应的原材料库中。

（二）财务总监

财务总监支付原材料款，从现金库中拿出购买原材料需要的现金交给采购总监。原材料业务在经营记录表中的相关记录如图 3-7 所示。

4	原材料入库 / 更新原材料订单	-3	-1	-1	-4
5	下原材料订单	1R1	1R1	4R1	1R1

图 3-7　原材料业务经营记录

四、下原材料订单

企业必须根据生产计划提前一个季度预订原材料，以确保生产线的正常运转。下原材料订单不需要支付现金。

由采购总监下原材料订单，在原材料订单处放置空桶，表示原材料订单的数量。例如，下 1 个 R1 原材料订单，则在原材料订单处倒扣 1 个空桶。下原材料订单业务在经营记录表的相关记录见图 3-7。

五、更新生产 / 完工入库

一般情况下，产品加工时间越长，完工程度越高。企业应在每个季度更新生产。当产品完工后，应及时下线入库。

生产总监负责更新生产。对于手工生产线，应将生产线上的在产品向前推一格，如已在 3 季位置，则直接入库；自动生产线的生产周期为一个季度，直接办理完工入库。以上操作完成后，在经营记录表对应的项目内记录完工产品的数量。如果产品没有完工，则在经营记录表对应的项目内打"√"。生产业务在经营记录表中的相关记录如图 3-8 所示。

6	更新生产 / 完工入库	√	√	1P1	4P1

图 3-8　生产业务经营记录

企业要提高产能，必须对生产线进行改造，包括新购、变卖和转产等。新购的生产线安置在厂房空置的生产线位置；如果没有空置的位置，必须先变卖生产线。变卖生产线主要出于战略的考虑，如将手工生产线换成自动生产线等。如果生产线要转产，则应当考虑转产周期和转产费。

（一）投资新生产线

1. 生产总监

生产总监负责领取标志。例如，新建手工生产线，生产总监在交易处申请新生产线标志，放置在厂房空置的生产线位置，并在生产线净值处放置空桶。又如，新建自动生产线，安装周期为一个季度，生产总监需要先将生产线标志翻转，并在生产线净值处放置空桶。待生产线安装完成后，下一季度将生产线再次翻转（自动生产线标志正面朝上）。

2. 财务总监

财务总监支付生产线建设费，从现金库取出现金交给生产总监用于生产线的投资——手工生产线为5万元、自动生产线为12万元，并在经营记录表中做相关记录。

新建、在建生产线业务在经营记录表中的相关记录如图3-9所示。

7	新建／在建／变卖生产线			−5	−12	√	√

图3-9 新建、在建生产线业务经营记录

（二）变卖生产线

1. 生产总监

生产线只能按残值变卖。变卖时，生产总监将生产线及其产品的生产标志交还给交易处，并将生产线的净值从价值处取出，将等同于变卖的生产线的残值部分交给财务总监，相当于变卖收到的现金。

小提示 净值与残值差额的处理。如果生产线净值大于残值，则将净值大于残值的差额部分放在盘面上综合费用的"其他"处，表示出售生产线的净损失。

2. 财务总监

财务总监负责收现金，将变卖生产线收到的现金放在现金库，并在经营记录表中做相关记录。例如，变卖一条手工生产线，收回残值1万元；变卖一条自动生产线，收回残值2

万元。

变卖生产线业务在经营记录表中的相关记录如图 3-10 所示。

| 7 | 新建／在建／变卖生产线 | √ | √ | 1 | 2 |

图 3-10　变卖生产线业务经营记录

（三）生产线转产

生产总监负责更换标志，持原产品标志在交易处更换新的产品生产标志。本操作暂无转产期。

七、开始下一批生产

企业如果有闲置的生产线，尽量安排生产。因为闲置的生产线仍然需要支付设备维修费、计提折旧，企业只有生产产品，并将这些产品销售出去，这些固定费用才能得到弥补。

（一）生产总监

生产总监负责：

① 领用原材料。从采购总监处申请领取生产产品需要的原材料。

② 支付加工费。从财务总监处申请取得生产产品需要的加工费。

③ 上线生产。将生产产品所需要的原材料和加工费放置在空桶中（一个空桶代表一个产品），然后将这些空桶放置在空置的生产线上，表示开始投入产品生产。

（二）财务总监

财务总监负责支付现金，审核生产总监提出的产品加工费申请后，将现金交给生产总监，并在经营记录表对应的方格内登记现金的减少数。一个产品的加工费为 1 万元。

支付加工费业务在经营记录表中的相关记录如图 3-11 所示。

| 9 | 开始下一批生产 | -3 | -1 | -1 | -4 |

图 3-11　支付加工费业务经营记录

（三）采购总监

采购总监根据生产总监的申请，发放生产产品所需要的原材料。

八、 更新应收款／应收款收现

在沙盘企业中，企业销售订单存在账期，就是应收款。每个季度，企业应将应收款向现金库方向推进一格，表示应收款账期的减少。当应收款被推进现金库时，表示应收款到期，企业应持应收款凭条到交易处领取现金。

财务总监负责：

① 更新应收款。将应收款往现金库方向推进一格。当应收款推进现金库时，表示应收款到期。

② 应收款收现。如果应收款到期，则持应收款凭条到交易处领回相应现金。

③ 记录。在经营记录表对应的方格内登记应收款到期收到的现金数。

更新应收款业务在经营记录表中的相关记录如图 3-12 所示。

10	更新应收款／应收款收现	√	√	35	23

图 3-12　更新应收款业务经营记录

九、 按订单交货

企业只有将产品销售出去才能实现收入，也才能收回垫支的成本。产品生产出来后，企业应按销售订单交货。

（一）营销总监

销售产品前，营销总监首先在订单登记表中登记销售订单的销售额，计算出销售成本和毛利后，将销售订单和相应数量的产品拿到交易处销售。销售后，将收到的应收款凭条或现金交给财务总监。

（二）财务总监

财务总监负责：

① 收到销货款。如果取得的是应收款凭条，则将凭条放在应收款相应的账期处；如果取得的是现金，则将现金放进现金库。

② 记录。在经营记录表对应的方格内登记现金的增加数或应收款金额。一般情况下，应收款金额需要加上"[ ]"，表示应收款存在账期。

按订单交货业务在经营记录表中的相关记录如图 3-13 所示。

11	按订单交货	9 [18]	[17]	[23]	[35] [21]

图 3-13　按订单交货业务经营记录

爱岗敬业 ◎ 诚实守信 ◎ 开拓创新 ◎ 合作共赢

十、 产品研发投资、新市场开拓

企业要研发新产品、开拓新市场，必须投入费用。每季度的研发费用在季末一次性支付。新产品研发完成后，企业在下一季度可以投入生产。新市场开拓费在年末一次性支付。

（一）营销总监

营销总监负责：

① 研发投资。企业如果需要研发新产品，则从财务总监处申请取得研发所需要的现金，放置在产品研发对应位置的空桶内，从交易处领取相应产品的生产资格证倒扣放置在生产资格处。如果产品研发投资完成，则将相应产品的生产资格证翻转放置在生产资格处。企业取得生产资格证后，从下一季度开始，可以生产该产品。

② 开拓新市场。企业如果需要开拓新市场，则从财务总监处申请取得所需要的现金，放置在市场开拓对应位置的空桶内，从交易处领取相应市场准入资格证书放置在市场开拓处。从下一季度开始，企业可以在该市场销售产品。

（二）财务总监

财务总监负责：

① 支付研发费、市场开拓费。根据营销总监提出的申请，财务总监审核后用现金支付。P2 产品的研发需要分 2 个季度，每个季度支付 2 万元。新市场开拓费为 1 万元。

② 记录。如果支付了研发费，则在经营记录表对应的方格内登记现金的减少数。

产品研发投资、新市场开拓业务在经营记录表中的相关记录如图 3-14 所示。

12	产品研发投资	√	√	√	−2
13	新市场开拓				−1

图 3-14　产品研发投资、新市场开拓业务经营记录

十一、 支付管理费

企业在生产经营过程中会发生诸如办公费、人员工资等管理费用。在沙盘企业中，行政管理费在每季度末一次性支付 1 万元。一般情况下，管理费一经设定，无论企业经营情况好坏、业务量多少，都是固定不变的。这是与实际工作的差异之处。

财务总监负责：

① 支付管理费。每季度从现金库中取出 1 万元现金放在盘面上综合费用的"管理费"处。

② 记录。在经营记录表对应的方格内登记现金的减少数。

支付管理费业务在经营记录表中的相关记录如图3-15所示。

14	支付管理费	-1	-1	-1	-1

图3-15 支付管理费业务经营记录

十二、其他现金收支情况登记

企业在经营过程中可能会发生除上述情形外的其他现金收入或支出，企业应将这些现金收入或支出进行记录，如出售库存、紧急采购和应收款贴现等。

（一）出售库存

当企业库存积压过多，流动资金存在不足时，可以以出售库存的方式获取流动资金。出售库存只能按照产品的成本价出售。

1. 营销总监

营销总监将相应数量的产品拿到交易处销售，将收到的现金交给财务总监。

2. 财务总监

收到销货款，财务总监将现金放进现金库：出售P1产品的价格是2万元；P2产品的价格是3万元。在经营记录表对应的方格内登记现金的增加数。

出售库存业务在经营记录表中的相关记录如图3-16所示。

15	出售库存	2	√	3	√

图3-16 出售库存业务经营记录

（二）紧急采购

当企业原材料不足或产品数量少于订单数，无法按时交单又必须缴纳高额违约金罚款时，可以采用紧急采购的方式。紧急采购既可以采购原材料，也可以采购P1或P2产品。原材料价格为成本价2倍，产品价格为成本价3倍，超过正常采购价的部分视为损失，将损失金额摆放于盘面上综合费用的"其他"处。紧急采购不受限制，可随时进行。

1. 采购总监

采购总监从财务总监处领取现金，在交易处买回原材料后放在盘面上对应的原材料库中。

2. 财务总监

财务总监支付紧急采购费用，超过正常采购价的部分视为损失，反映在盘面上综合费用的"其他"处。

例 3-3 企业第一季度需要紧急采购 1 个 R1 原材料，1 个 R1 原材料紧急采购价 2 万元；第二季度需紧急采购 1 个 P2 产品，1 个 P2 产品紧急采购价为 9 万元。财务总监从现金处取出相应现金，把成本价交给采购总监到交易处买回原材料和产品，把紧急采购价和成本价之间的差额放在综合费用的"其他"处。

紧急采购业务在经营记录表中的相关记录如图 3-17 所示。

8	紧急采购	−2	−9	√	√

图 3-17 紧急采购业务经营记录

（三）应收款贴现

当企业出现流动资金不足，无法通过银行取得贷款时，可以利用手头现有的应收款进行贴现，支付银行一定金额的贴现息后就可以提前收回应收款。如果应收款的账期是 1 季或 2 季，则贴现率为 10%；如果应收款的账期是 3 季或 4 季，则贴现率为 12.5%。贴现息向上取整。

财务总监持应收款账单到交易处换回现金，把贴现息放在盘面上综合费用的"贴息"处，余下现金放回现金库。例如，企业将账期为 2 季的应收款 25 万元用于贴现，需要支付 3 万元的贴现息。具体操作如下：财务总监持应收款账单到交易处换回 25 万元现金，把贴现息 3 万元放在盘面上综合费用的"贴息"处，余下 22 万元现金放回现金库。

应收款贴现业务在经营记录表中的相关记录如图 3-18 所示。

16	应收款贴现	√	√	√	22

图 3-18 应收款贴现业务经营记录

十三、季末盘点

每季度末，企业应对现金、原材料、在产品和产成品进行盘点，并将盘点的数额与账面结存数进行核对。如果账实相符，则将该数额填写到经营记录表对应的项目中；如果账实不符，则找出原因后再按照实际数填写。

结束语

在企业的运营过程中，需要进行盘面摆放和经营记录表的登记。为了减少操作失误，你们团队是怎么做的呢？

想一想答案

  企业的资产主要包括现金、应收款、原材料、在产品、产成品等流动资产，以及在建工程、生产线、厂房等固定资产。盘点时 CEO 指挥，监督团队成员各司其职，认真进行。如果盘点的余额与账面数一致，各成员就将结果准确无误地填写到经营记录表的对应项目中。由于上一季度末刚盘点完毕，所以可以直接根据上季度的季末余额填入。

任务三　了解年末工作

  企业日常经营活动结束后，年末还需要进行各种账项的计算和结转，编制财务报表，计算当年的经营成果，反映当前的财务状况，并对当年经营情况进行分析、总结。

一、支付设备维修费

  设备使用过程中会发生磨损，要保证设备正常运转，就需要进行维修。设备维修会发生诸如材料费、人工费等维修费用。在沙盘企业中，只有生产线需要支付维修费。年末，只要有生产线，无论是否生产，都应支付维修费，尚未安装完工的生产线则不支付维修费。设备维修费每年年末用现金一次性集中支付。

  年末，财务总监根据期末现有完工的生产线支付设备维修费。支付设备维修费时，从现金库中取出现金放在盘面上综合费用的"维修费"处。每条生产线的维修费为 1 万元。

二、计提折旧

  固定资产在使用过程中会发生损耗，导致价值降低，所以应对固定资产计提折旧。在沙盘企业中，固定资产计提折旧的时间、范围和方法既可以与实际工作一致，也可以采用简化

的方法。本书沙盘规则采用了简化的处理方法，与实际工作有一些差异。这些差异主要表现在：折旧在每年年末计提一次；计提折旧的范围仅仅限于生产线；折旧的方法采用直线法取整计算。在会计处理上，折旧费全部作为当期的期间费用，没有计入产品成本。

财务总监负责：

① 计提折旧。根据规则对生产线计提折旧。本书采用的折旧规则：手工生产线每年折旧额为 1 万元；自动生产线每年折旧额为 2 万元。计提折旧时，根据计算的折旧额从盘面上生产线的净值处取出相应的金额放置在综合费用旁的"折旧"处。

② 记录。在经营记录表对应的方格内登记折旧的金额。注意：在计算现金支出时，折旧不能计算在内，因为折旧并没有减少现金。

支付设备维修费、计提折旧业务在经营记录表中的相关记录如图 3-19 所示。

年末	支付设备维修费		-4
	计提折旧		［5］

图 3-19　支付设备维修费、计提折旧业务经营记录

三、编制报表

沙盘企业每年的经营结束后，应当编制相关会计报表，及时反映当年的财务和经营情况。在沙盘企业中，主要编制产品核算统计表、综合管理费用明细表、利润表和资产负债表。

（一）产品核算统计表

产品核算统计表是核算企业在经营期间销售各种产品情况的报表，可以反映企业在某一经营期间产品销售数量、销售收入、产品销售成本和毛利情况，是编制利润表的依据之一。产品核算统计表如图 3-20 所示。

数量单位：个　金额单位：万元

	P1	P2	合　计
数量			
销售额			
成本			
毛利			

图 3-20　产品核算统计表

产品核算统计表是企业根据实际销售情况编制的，其数据来源于订单登记表（见图3-21）。企业在取得销售订单后，营销总监应及时登记订单情况。当产品实现销售后，应及

时登记产品销售的销售额、成本，并计算该产品的毛利。年末，企业经营结束后，营销总监根据订单登记表，分产品汇总各种产品的销售数量、销售额、成本和毛利，并将汇总结果填列在产品核算统计表中。

数量单位：个　金额单位：万元

订单号								合　计
市场								
产品								
数量								
账期								
销售额								
成本								
毛利								
未售								

图 3-21　订单登记表

之后，营销总监将产品核算统计表交给财务总监，财务总监根据产品核算统计表中汇总的数据，登记利润表中的"销售收入""直接成本""毛利"项目。

（二）综合管理费用明细表

综合管理费用明细表综合反映在经营期间发生的各种除产品生产成本、财务费用外的其他费用，如图 3-22 所示。

根据盘面上综合费用处的支出进行填写，填制方法如下。

① "管理费"项目：根据企业当年支付的行政管理费填列。企业每季度支付 1 万元的行政管理费，全年共支付行政管理费 4 万元。

② "广告费"项目：根据企业当年年初广告登记表中填列的广告费填列，如 2 万元。

③ "维修费"项目：根据企业实际支付的生产线维修费填列。根据规则，只要生产线建设完工，不论是否生产，都应当支付维修费，如 5 万元。

④ "市场准入开拓"项目：根据企业当年支付的市场准入开拓费用填写。例如，开拓区域市场，支付费用为 1 万元。

⑤ "产品研发"项目：根据本年企业研发产品支付的研发费填列。例如，P2 产品的研发分 2 个季度，每个季度 2 万元，共计 4 万元。

⑥ "其他"项目：主要根据企业发生的其他支出填列。例如，出售生产线净值大于残值的部分等。

万元

项　目	金　额	备　注
管理费	4	
广告费	2	
维修费	5	
市场准入开拓	1	
产品研发	4	
其　他	0	
合　计	16	

图 3-22　综合管理费用明细表

（三）利润表

利润表是反映企业一定期间经营状况的会计报表，如图 3-23 所示。利润表把一定期间的营业收入与其同一期间相关的成本费用相配比，从而计算出企业一定时期的利润。通过编制利润表，可以反映企业生产经营的收益情况、成本耗费情况，表明企业生产经营成果。同时，通过利润表提供的不同时期的比较数字，可以分析企业利润的发展趋势和获利能力。

万元

项　目	上年数	本年数
销售收入	（略）	172
直接成本		86
毛利		86
综合费用		16
折旧前利润		70
折旧		9
支付利息前利润		61
财务收入／支出（利息）		0
其他收入／支出		0
税前利润		61
所得税		15
净利润		46

图 3-23　利润表

利润表的编制方法如下。

利润表中"上年数"栏反映各项目上年的实际发生数，根据上年利润表的"本年数"栏填列；利润表中"本年数"栏反映各项目本年的实际发生数，根据本年实际发生额的合计数填列。

①"销售收入"项目：反映企业销售产品取得的收入总额。本项目根据产品核算统计表填列。

②"直接成本"项目：反映企业本年已经销售产品的实际成本。本项目根据产品核算统计表填列。

③"毛利"项目：反映企业销售产品实现的毛利。本项目根据销售收入减去直接成本后的余额填列。

④"综合费用"项目：反映企业本年发生的综合费用。本项目根据综合管理费用明细表的合计数填列。

⑤"折旧前利润"项目：反映企业计提折旧前的利润。本项目根据毛利减去综合费用后的余额填列。

⑥"折旧"项目：反映企业当年计提的折旧额。本项目根据当期计提的折旧额填列。

⑦"支付利息前利润"项目：反映企业支付利息前实现的利润。本项目根据折旧前利润减去折旧后的余额填列。

⑧"财务收入／支出（利息）"项目：反映企业本年发生的财务收入或财务支出，如借款利息、贴息等。本项目根据盘面上的"利息"和"贴息"处的金额填列。

⑨"其他收入／支出"项目：反映企业其他业务形成的收入或支出。本书暂不涉及。

⑩"税前利润"项目：反映企业本年实现的利润总额。本项目根据支付利息前的利润加财务收入减去财务支出，再加上其他收入减去其他支出后的余额填列。

⑪"所得税"项目：反映企业本年应缴纳的所得税费用。本项目根据"税前利润×25%"后向下取整的数额填列。

⑫"净利润"项目：反映企业本年实现的净利润。本项目根据税前利润减去所得税后的余额填列。

（四）资产负债表

资产负债表是反映企业某一特定日期财务状况的会计报表，如图3-24所示。它是根据"资产＝负债＋所有者权益"会计等式编制的。

从资产负债表的结构可以看出，资产负债表由"期初数"和"期末数"两栏组成。资产负债表的"期初数"栏各项目数字应根据上年末资产负债表"期末数"栏内所列数字填列。资产负债表的"期末数"栏各项目主要根据有关项目期末余额资料编制，其数据主要通过以下几种方式取得。

万元

资　产	期初数	期末数	负债和所有者权益	期初数	期末数
流动资产：	（略）		负债：	（略）	
现金		74	长期负债		0
应收款		35	短期负债		60
在产品		10	应付款		0
产成品		8	应交税金		15
原材料		4	一年内到期的长期负债		0
流动资产合计		131	负债合计		75
固定资产：			所有者权益：		
土地和建筑		20	股东资本		60
机器与设备		35	利润留存	3	17
在建工程		12	年度净利	14	46
固定资产合计		67	所有者权益合计		123
资产总计		198	负债和所有者权益总计		198

图 3-24　资产负债表

①资产类项目：主要根据盘面上的资产经过盘点后的实际金额填列。

②负债类项目："长期负债"和"短期负债"项目根据盘面上的长期借款和短期借款数额填列。如果有将于一年内到期的长期负债，则应单独反映。

③"应交税金"项目：根据企业本年利润表中的"所得税"项目的金额填列。

④"所有者权益"中的"股东资本"项目：如果本年股东没有增资，则直接根据上年末利润表中"股东资本"项目填列；如果发生了增资，则为上年末的股东资本加上本年增资的资本。

⑤"利润留存"项目：根据上年资产负债表中"利润留存"和"年度净利"两个项目的合计数填列。

⑥"年度净利"项目：根据利润表中"净利润"项目填列。

结束语

经过一年的模拟经营，你们团队的经营成果如何呢？不管成败，大家都需要静下心，坐下来，一起总结这一年经营的成败得失。

思政育人

格力——诠释时代的"工匠精神"

"让世界爱上中国造""好空调，格力造""格力，掌握核心科技"……对于这样的广告语，可谓耳熟能详。

格力之所以能够成为"世界名牌"，与它谨小慎微、一丝不苟、精益求精的工匠精神密不可分。在选材上，小到一个隔音棉、普通到一个包装箱……格力都制定了高于国标的企业标准。正是对细节的把握，才成就了格力在中国空调行业的地位。

格力不仅注重细节上的成败，还注重对核心技术的不懈追求。在空调离心机领域，从一开始的"高效变频离心机"到现在的"高效永磁同步变频离心式冰蓄冷双工况机组"，当中融合的许多技术已达到国际先进水平，体现了格力对至臻完美技术的追求。

除了格力的产品，格力的每一位员工都在用自己的实际行动诠释着工匠精神。在格力，焊接技术对空调的质量起到非常重要的作用。一个小焊点，直径只有 3 毫米，格力的焊接工却可以只用 4 秒钟时间就将其焊接完美，既不漏气，又保持管道通畅。做到这一点不仅靠师傅们的高超技艺，还在于他们认真负责、精益求精的工匠精神。

团队讨论

① 什么是工匠精神？

② 党的二十大报告指出"深入实施人才强国战略""努力培养造就大国工匠"，请你说说如何在以后的学习和工作中践行工匠精神。

项目四　经营实践，锻炼成长

导学语

同学们，在前面的任务中，我们已经组建了自己的团队，创立了自己的企业，掌握了企业的经营规则，熟悉了企业的运作流程。接下来，各团队请跟随教师的指引，步步为营，齐心协力，放手一搏，完成企业6个年度的经营吧！

思政小课堂

职业素养之守法经营

做与学

为公平起见，每一个企业均获得初始投资60万元用于筹办企业和经营。其中，20万元用于购建厂房；1万元用于购买本地市场准入资格；1万元用于购买P1产品生产资格；预订3个R1原材料。请各团队根据以上资料，完成企业初始盘面的摆放。

任务一　步步为营——第1年模拟经营演练

一、任务情境

新的年度开始之际，企业要召开新年度规划会议，CEO召集各部门总监，结合企业自身条件、竞争对手的情况研究市场需求，制定出第1年主要业务规划，如表4-1所示。

表4-1　各部门第1年主要业务规划

部门总监	项 目	第1年主要业务规划
销售总监	广告费投放／订单选取	根据市场分析，拟投放广告费1万元。选取订单6-0001 表： 产品／市场：本地／区域 P1：本地 1 P2：
	市场开拓／产品研发	无
	产品销售计划	第四季度交付订单6-0001
生产总监	产品生产（转产）	根据销售计划，保证按期生产5个P1产品
	生产线购置、变卖	第一季度新建3条手工生产线、1条自动生产线，均生产P1产品
物流总监	正常采购	根据生产计划，提前做好一至四季度R1原材料预订工作
	紧急采购	无
财务总监	银行贷款计划	根据资金需求预测，计划第二季度从银行贷款20万元
	应收款贴现	无

二、任务实施

企业第1年的经营记录如表4-2至表4-7所示。

表4-2　第1年经营记录表　　　　数量单位：个　金额单位：万元

操作顺序	企业经营流程 用户＿＿＿＿＿	第＿＿1＿＿年经营 每执行完一项操作，CEO请在相应的方格内打钩。			
	操作流程	记　录			
年初	新年度规划会议	√			
	广告投放	-1			
	参加订货会选订单／登记订单	√			
	支付应付税（25%）	√			
1	季初盘点（请填余额）	37	3	20	17
2	更新短期贷款／短期贷款还本付息	√	√	√	√
3	申请短期贷款	√	20	√	√
4	原材料入库／更新原材料订单	-3	-1	-1	-4
5	下原材料订单	1R1	1R1	4R1	1R1
6	更新生产／完工入库	√	√	1P1	4P1
7	新建／在建／变卖生产线	-27	√	√	√
8	紧急采购	√	√	√	√
9	开始下一批生产	-3	-1	-1	-4
10	更新应收款／应收款收现	√	√	√	√

（续表）

用户_____		第___1___年经营			
操作顺序	企业经营流程	每执行完一项操作，**CEO**请在相应的方格内打钩。			
	操作流程	记　录			
11	按订单交货	√	√	√	25
12	产品研发投资	√	√	√	√
13	新市场开拓				√
14	支付管理费	−1	−1	−1	−1
15	出售库存	√	√	√	√
16	应收款贴现	√	√	√	√
17	季末收入合计	0	20	0	25
18	季末支出合计	34	3	3	9
19	季末数额对账 [（1）+（17）−（18）]	3	20	17	33
年末	缴纳违约订单罚款（25%）				√
	支付设备维修费				−4
	计提折旧				[5]
	结账				29

表4-3　第1年订单登记表　　数量单位：个　金额单位：万元

订单号	6-0001				合　计
市场	本地				
产品	P1				
数量	5				
账期	0				
销售额	25				
成本	10				
毛利	15				
未售					

表4-4　第1年产品核算统计表　　数量单位：个　金额单位：万元

	P1	P2	合　计
数量	5		5
销售额	25		25
成本	10		10
毛利	15		15

表4-5　第1年综合管理费用明细表 万元

项　目	金　额	备　注
管理费	4	
广告费	1	
维修费	4	
市场准入开拓		
产品研发		
其他		
合　计	9	

表4-6　第1年利润表 万元

项　目	上年数	本年数
销售收入		25
直接成本		10
毛利		15
综合费用	−2	9
折旧前利润		6
折旧		5
支付利息前利润		1
财务收入/支出（利息）		0
其他收入/支出		0
税前利润	−2	1
所得税		0
净利润	−2	1

表4-7　第1年资产负债表 万元

资　产	期初数	期末数	负债和所有者权益	期初数	期末数
流动资产：			负债：		
现金	38	29	长期负债		
应收款			短期负债		20
在产品		8	应付款		
产成品			应交税金		
原材料			一年内到期的长期负债		
流动资产合计	38	37	负债合计	0	20
固定资产：			所有者权益：		
土地和建筑	20	20	股东资本	60	60
机器与设备		22	利润留存		−2
在建工程			年度净利	−2	1
固定资产合计	20	42	所有者权益合计	58	59
资产总计	58	79	负债和所有者权益总计	58	79

任务二 开拓进取——第2年模拟经营演练

一、任务情境

各团队小心谨慎地完成了第1年经营，有了小小的盈利，尝到了甜头。接下来，企业召开第2年度规划会议。CEO要求各部门结合自身条件、竞争对手的情况，研究市场需求、扩大产能、开拓市场和研发新产品，初步制定第2年的主要业务规划，如表4-8所示。

表4-8 各部门第2年主要业务规划

部门总监	项目	第2年主要业务规划			
销售总监	广告费投放/订单选取	根据市场分析，拟投放广告费2万元。选取订单6-0013、6-0025	产品/市场	本地	区域
			P_1	2	
			P_2		
	市场开拓/产品研发	第四季度开始研发P2产品，开拓区域市场			
	产品销售计划	第三季度交付订单6-0013；第四季度交付订单6-0025			
生产总监	产品生产（转产）	根据销售计划，保证按期生产10个P1产品			
	生产线购置、变卖	第一季度新建2条P1产品自动生产线；第四季度新建1条P1产品自动生产线			
物流总监	正常采购	根据生产计划，提前做好一至四季度R1原材料预订			
	紧急采购	无			
财务总监	银行贷款计划	根据资金需求预测，计划第一季度、第四季度各从银行贷款40万元			
	应收款贴现	无			

二、任务实施

企业第2年的经营记录如表4-9至表4-14所示。

表4-9　第2年经营记录表　　　数量单位：个　金额单位：万元

操作顺序	企业经营流程 用户_____		第2年经营 每执行完一项操作，CEO请在相应的方格内打钩。			
	操作流程		记　录			
年初	新年度规划会议	√				
	广告投放	−2				
	参加订货会选订单／登记订单	√				
	支付应付税（25%）	√				
1	季初盘点（请填余额）	27	40	12	25	
2	更新短期贷款／短期贷款还本付息	√	−21	√	√	
3	申请短期贷款	40	√	√	40	
4	原材料入库／更新原材料订单	−1	−3	−6	−3	
5	下原材料订单	3R1	6R1	3R1	4R1	
6	更新生产／完工入库	1P1	1P1	6P1	3P1	
7	新建／在建／变卖生产线	−24	√	√	−12	
8	紧急采购	√	√	√	√	
9	开始下一批生产	−1	−3	−6	−3	
10	更新应收款／应收款收现	√	√	√	√	
11	按订单交货	√	√	26	18	
12	产品研发投资	√	√	√	−2	
13	新市场开拓				−1	
14	支付管理费	−1	−1	−1	−1	
15	出售库存	√	√	√	√	
16	应收款贴现	√	√	√	√	
17	季末收入合计	40	0	26	58	
18	季末支出合计	27	28	13	22	
19	季末数额对账[（1）+（17）−（18）]	40	12	25	61	
年末	缴纳违约订单罚款（25%）				√	
	支付设备维修费				−6	
	计提折旧				[9]	
	结账				55	

表 4-10　第 2 年订单登记表　　　数量单位：个　金额单位：万元

订单号	6-0013	6-0025				合　计
市场	本地	本地				
产品	P1	P1				
数量	6	4				
账期	0	0				
销售额	26	18				
成本	12	8				
毛利	14	10				
未售						

表 4-11　第 2 年产品核算统计表　　　数量单位：个　金额单位：万元

	P1	P2	合　计
数量	10		10
销售额	44		44
成本	20		20
毛利	24		24

表 4-12　第 2 年综合管理费用明细表　　　　　　　　　万元

项　目	金　额
管理费	4
广告费	2
维修费	6
市场准入开拓	1
产品研发	2
其他	
合　计	15

表 4-13　第 2 年利润表　　　　　　　　　　　　　　　　　　　　万元

项　目	上年数	本年数
销售收入	25	44
直接成本	10	20
毛利	15	24
综合费用	9	15
折旧前利润	6	9
折旧	5	9
支付利息前利润	1	0
财务收入／支出（利息）	0	−1
其他收入／支出	0	0
税前利润	1	−1
所得税	0	0
净利润	1	−1

表 4-14　第 2 年资产负债表　　　　　　　　　　　　　　　　　　万元

资　产	期初数	期末数	负债和所有者权益	期初数	期末数
流动资产：			负债：		
现金	29	55	长期负债		
应收款		0	短期负债	20	80
在产品	8	12	应付款		
产成品		2	应交税金		0
原材料			一年内到期的长期负债		
流动资产合计	37	69	负债合计	20	80
固定资产：			所有者权益：		
土地和建筑	20	20	股东资本	60	60
机器与设备	22	37	利润留存	−2	−1
在建工程		12	年度净利	1	−1
固定资产合计	42	69	所有者权益合计	59	58
资产总计	79	138	负债和所有者权益总计	79	138

任务三　多元发展——第3年模拟经营演练

一、任务情境

各团队按计划完成了第2年经营，虽然没有盈利，但开拓新市场和扩大生产规模为后续经营做足了准备。接下来，企业召开第3年度规划会议。CEO要求各部门结合产品研发情况研究市场新变化，把握商机，初步制定第3年的主要业务规划，如表4-15所示。

表4-15　各部门第3年主要业务规划

部门总监	项 目	第3年主要业务规划
销售总监	广告费投放/订单选取	根据市场分析，拟投放广告费5万元。选取5张订单：6-0049、6-0065、6-0091、6-0105、6-0109　　<table><tr><td>产品/市场</td><td>本地</td><td>区域</td></tr><tr><td>P1</td><td>1</td><td>3</td></tr><tr><td>P2</td><td>1</td><td></td></tr></table>
销售总监	市场开拓/产品研发	第一季度继续研发P2产品
销售总监	产品销售计划	第一季度交付订单6-0091；第二季度交付订单6-0105、6-0109；第四季度交付订单6-0049、6-0065
生产总监	产品生产（转产）	第二季度2条自动生产线由P1产品转产P2产品；第三季度1条自动生产线由P1产品转产P2产品
生产总监	生产线购置、变卖	第四季度新建一条P1产品自动生产线
物流总监	正常采购	根据生产计划，提前做好一至四季度R1、R2原材料预订
物流总监	紧急采购	无
财务总监	银行贷款计划	根据资金需求预测，计划第一、二、四季度各向银行贷款20万元
财务总监	应收款贴现	无
财务总监	纳税筹划	按要求做好本年度纳税筹划及所得税计算

二、任务实施

企业第3年的经营记录如表4-16至表4-21所示。

表4-16　第3年经营记录表　　　数量单位：个　金额单位：万元

操作顺序	企业经营流程				
	操作流程	每执行完一项操作，CEO请在相应的方格内打钩。			
		记　录			
年初	新年度规划会议	√			
	广告投放	−5			
	参加订货会选订单/登记订单	√			
	支付应付税（25%）	√			
1	季初盘点（请填余额）	50	37	49	57
2	更新短期贷款/短期贷款还本付息	−42	√	√	−42
3	申请短期贷款	20	√	20	20
4	原材料入库/更新原材料订单	−4	−9	−7	−7
5	下原材料订单	7R1，2R2	4R1，3R2	4R1，3R2	8R1，3R2
6	更新生产/完工入库	3P1	7P1	2P1，2P2	1P1，3P2
7	新建/在建/变卖生产线	√	2P1 转 2P2	P1 转 P2	−12
8	紧急采购	√	√	√	√
9	开始下一批生产	−4	−7	−4	−4
10	更新应收款/应收款收现	√	√	√	√
11	按订单交货	20	29	√	48
12	产品研发投资	−2	√	√	√
13	新市场开拓				√
14	支付管理费	−1	−1	−1	−1
15	出售库存	√	√	√	√
16	应收款贴现	√	√	√	√
17	季末收入合计	40	29	20	68
18	季末支出合计	53	17	12	66
19	季末数额对账[（1）+（17）−（18）]	37	49	57	59
年末	缴纳违约订单罚款（25%）				√
	支付设备维修费				−7
	计提折旧				[11]
	结账				52

表4–17　第3年订单登记表　　　　　　数量单位：个　金额单位：万元

订单号	6-0109	6-0105	6-0091	6-0065	6-0049			合　计
市场	区域	区域	区域	本地	本地			
产品	P1	P1	P1	P2	P1			
数量	2	4	4	5	4			
账期	0	0	0	0	0			
销售额	10	19	20	30	18			
成本	4	8	8	15	8			
毛利	6	11	12	15	10			
未售								

表4–18　第3年产品核算统计表　　数量单位：个　金额单位：万元

	P1	P2	合　计
数量	14	5	19
销售额	67	30	97
成本	28	15	43
毛利	39	15	54

表4–19　第3年综合管理费用明细表　　　　　　　　万元

项　目	金　额	备　注
管理费	4	
广告费	5	
维修费	7	
市场准入开拓		
产品研发	2	
其他		
合　计	18	

表4-20　第3年利润表　　　　　　　　　　　　　　　　　　　　　万元

项　目	上年数	本年数
销售收入	44	97
直接成本	20	43
毛利	24	54
综合费用	15	18
折旧前利润	9	36
折旧	9	11
支付利息前利润	0	25
财务收入／支出（利息）	-1	4
其他收入／支出	0	0
税前利润	-1	21
所得税	0	5
净利润	-1	16

表4-21　第3年资产负债表　　　　　　　　　　　　　　　　　　　万元

资　产	期初数	期末数	负债和所有者权益	期初数	期末数
流动资产：			负债：		
现金	55	52	长期负债		
应收款	0	0	短期负债	80	60
在产品	12	17	应付款		
产成品	2	0	应交税金	0	5
原材料			一年内到期的长期负债		
流动资产合计	69	69	负债合计	80	65
固定资产：			所有者权益：		
土地和建筑	20	20	股东资本	60	60
机器与设备	37	38	利润留存	-1	-2
在建工程	12	12	年度净利	-1	16
固定资产合计	69	70	所有者权益合计	58	74
资产总计	138	139	负债和所有者权益总计	138	139

任务四 科学统筹——第4年模拟经营演练

一、任务情境

各团队按计划出色地完成了第3年经营，新产品投产和新市场销售都很顺利，获利颇丰。接下来，企业召开第4年度规划会议。CEO向各部门传达市场行情的新变化：各购货方付款将出现不同程度的拖欠。要求各部门研究市场新变化，初步制定第4年的主要业务规划，如表4-22所示。

表4-22 各部门第4年主要业务规划

部门总监	项 目	第4年主要业务规划
销售总监	广告费投放/订单选取	根据市场分析，拟投放广告费6万元。选取6张订单：6-0117、6-0123、6-0151、6-0157、6-0177、6-0197 表： 产品/市场 | 本地 | 区域 P1 | 2 | 1 P2 | 2 | 1
	市场开拓/产品研发	无
	产品销售计划	第一季度交付订单6-0123、6-0151；第二季度交付订单6-0197；第三季度交付订单6-0177；第四季度交付订单6-0117、6-0157
生产总监	产品生产（转产）	无
	生产线购置、变卖	第四季度变卖1条P1产品手工生产线，同时新建一条P1产品自动生产线
物流总监	正常采购	根据生产计划，提前做好一至四季度R1、R2原材料预订
	紧急采购	无
财务总监	银行贷款计划	根据资金需求预测，计划第一、二、四季度各从银行贷款20万元
	应收款贴现	无
	纳税筹划	按要求做好本年度纳税筹划及所得税计算

二、任务实施

企业第4年的经营记录如表4-23至表4-28所示。

表4-23　第4年经营记录表　　　　　　　　　数量单位：个　金额单位：万元

操作顺序	企业经营流程		每执行完一项操作，CEO请在相应的方格内打钩。			
	操作流程		记　录			
年初	新年度规划会议	√				
	广告投放	−6				
	参加订货会选订单／登记订单	√				
	支付应付税（25%）	−5				
1	季初盘点（请填余额）	41	29	35	35	
2	更新短期贷款／短期贷款还本付息	−21	√	−21	−21	
3	申请短期贷款	20	20	√	40	
4	原材料入库／更新原材料订单	−11	−8	−8	−11	
5	下原材料订单	5R1，3R2	5R1，3R2	8R1，3R2	5R1，3R2	
6	更新生产／完工入库	4P1，3P2	2P1，3P2	2P1，3P2	5P1，3P2	
7	新建／在建／变卖生产线	√	√	√	−11	
8	紧急采购	√	√	√	√	
9	开始下一批生产	−8	−5	−5	−7	
10	更新应收款／应收款收现	√	√	35	23	
11	按订单交货	9[18]	[17]	[23]	[35][21]	
12	产品研发投资	√	√	√	√	
13	新市场开拓				√	
14	支付管理费	−1	−1	−1	−1	
15	出售库存	√	√	√	√	
16	应收款贴现	√	√	√	√	
17	季末收入合计	29	20	35	63	
18	季末支出合计	41	14	35	51	
19	季末数额对账[（1）+（17）−（18）]	29	35	35	47	
年末	缴纳违约订单罚款（25%）					
	支付设备维修费				−7	
	计提折旧				[12]	
	结账				40	

表 4-24　第 4 年订单登记表　　　数量单位：个　金额单位：万元

订单号	6-0197	6-0177	6-0157	6-0151	6-0123	6-0117		合　计
市场	区域	区域	本地	本地	本地	本地		
产品	P2	P1	P2	P2	P1	P1		
数量	3	5	6	3	2	5		
账期	1	1	1	2	0	1		
销售额	17	23	35	18	9	21		
成本	9	10	18	9	4	10		
毛利	8	13	17	9	5	11		
未售								

表 4-25　第 4 年产品核算统计表　　　数量单位：个　金额单位：万元

	P1	P2	合　计
数量	12	12	24
销售额	53	70	123
成本	24	36	60
毛利	29	34	63

表 4-26　第 4 年综合管理费用明细表　　　　　　　　万元

项　目	金　额	备　注
管理费	4	
广告费	6	
维修费	7	
市场准入开拓		
产品研发		
其他	1	
合　计	18	

表4-27　第4年利润表　　　　　　　　　　　　　　万元

项　目	上年数	本年数
销售收入	97	123
直接成本	43	60
毛利	54	63
综合费用	18	18
折旧前利润	36	45
折旧	11	12
支付利息前利润	25	33
财务收入/支出（利息）	4	-3
其他收入/支出	0	0
税前利润	21	30
所得税	5	7
净利润	16	23

表4-28　第4年资产负债表　　　　　　　　　　　　万元

资　产	期初数	期末数	负债和所有者权益	期初数	期末数
流动资产：			负债：		
现金	52	40	长期负债		
应收款	0	56	短期负债	60	80
在产品	17	17	应付款		
产成品	0	2	应交税金	5	7
原材料		1	一年内到期的长期负债		
流动资产合计	69	116	负债合计	65	87
固定资产：			所有者权益：		
土地和建筑	20	20	股东资本	60	60
机器与设备	38	36	利润留存	-2	14
在建工程	12	12	年度净利	16	23
固定资产合计	70	68	所有者权益合计	74	97
资产总计	139	184	负债和所有者权益总计	139	184

任务五 智渡难关——第5年模拟经营演练

一、任务情境

各团队积极化解市场不利因素，按计划出色地完成了第4年经营，扩大了市场份额，获利颇丰。接下来，企业召开第5年度规划会议。CEO向各部门传达了资本市场行情的新变化：各大银行贷款收紧，融资额度有限。要求财务部门研究资本市场的新变化，会同其他业务部门初步制定第5年的主要业务规划，如表4-29所示。

表4-29 各部门第5年主要业务规划

部门总监	项 目	第5年主要业务规划
销售总监	广告费投放/订单选取	根据市场分析，拟投放广告费9万元。选取7张订单：6-0221、6-0227、6-0243、6-0251、6-0259、6-0273、6-0281 	产品/市场	本地	区域	 P1	2	3 P2	3	1
	市场开拓/产品研发	无
	产品销售计划	第一季度交付订单6-0251、6-0259；第二季度交付订单6-0221；第三季度交付订单6-0227、6-0281；第四季度交付订单6-0243、6-0273
生产总监	产品生产（转产）	无
	生产线购置、变卖	第一季度新建1条P1产品自动生产线、1条P2产品自动生产线；第三季度变卖2条P1产品手工生产线；第四季度新建1条P1产品自动生产线、1条P2产品自动生产线
物流总监	正常采购	根据生产计划，提前做好一至四季度R1、R2原材料预订
	紧急采购	无
财务总监	银行贷款计划	根据资金需求预测，第一、二、四季度分别向银行贷款20万元、20万元、40万元
	应收款贴现	第四季度初，将6-0221、6-0227两张订单应收款贴现
	纳税筹划	按要求做好本年度纳税筹划及所得税计算

二、任务实施

企业第5年的经营记录如表4-30至表4-35所示。

表4–30　第5年经营记录表　　数量单位：个　金额单位：万元

用户_____		第___5___年经营			
操作顺序	企业经营流程	每执行完一项操作，CEO请在相应的方格内打钩。			
	操作流程	记　录			
年初	新年度规划会议	√			
	广告投放	–9			
	参加订货会选订单／登记订单	√			
	支付应付税（25%）	–7			
1	季初盘点（请填余额）	24	64	24	25
2	更新短期贷款／短期贷款还本付息	–21	–21	√	–42
3	申请短期贷款	20	√	20	40
4	原材料入库／更新原材料订单	–8	–9	–12	–12
5	下原材料订单	6R1，3R2	8R1，4R2	8R1，4R2	10R1，5R2
6	更新生产／完工入库	2P1，3P2	3P1，3P2	5P1，3P2	4P1，4P2
7	新建／在建／变卖生产线	√	–24	2	–24
8	紧急采购	√	√	√	√
9	开始下一批生产	–6	–6	–8	–8
10	更新应收款／应收款收现	56	21	√	30
11	按订单交货	[9][12]	[16]	[30][9]	[30][28]
12	产品研发投资	√	√	√	√
13	新市场开拓				√
14	支付管理费	–1	–1	–1	–1
15	出售库存	√	√	√	√
16	应收款贴现	√	√	√	22
17	季末收入合计	76	21	22	92
18	季末支出合计	36	61	21	87
19	季末数额对账[（1）+（17）–（18）]	64	24	25	30
年末	缴纳违约订单罚款（25%）				√
	支付设备维修费				–8
	计提折旧				[14]
	结账				22

表 4–31　第 5 年订单登记表　　　　数量单位：个　金额单位：万元

订单号	6-0281	6-0273	6-0259	6-0251	6-0243	6-0227	6-0221	合　计
市场	区域	区域	区域	本地	本地	本地	本地	
产品	P2	P1	P1	P2	P2	P1	P1	
数量	5	6	2	2	5	2	4	
账期	1	2	1	1	1	2	2	
销售额	30	28	9	12	30	9	16	
成本	15	12	4	6	15	4	8	
毛利	15	16	5	6	15	5	8	
未售								

表 4–32　第 5 年产品核算统计表　　　　数量单位：个　金额单位：万元

	P1	P2	合　计
数量	14	12	26
销售额	62	72	134
成本	28	36	64
毛利	34	36	70

表 4–33　第 5 年综合管理费用明细表　　　　　　　万元

项　目	金　额	备　注
管理费	4	
广告费	9	
维修费	8	
市场准入开拓		
产品研发		
其他		
合　计	21	

企业经营实训指导（手工＋电子沙盘模拟）（第3版）

表4-34　第5年利润表　　　　　　　　　　　　万元

项　目	上年数	本年数
销售收入	123	134
直接成本	60	64
毛利	63	70
综合费用	18	21
折旧前利润	45	49
折旧	12	14
支付利息前利润	33	35
财务收入/支出（利息）	-3	-7
其他收入/支出	0	0
税前利润	30	28
所得税	7	7
净利润	23	21

表4-35　第5年资产负债表　　　　　　　　　　万元

资　产	期初数	期末数	负债和所有者权益	期初数	期末数
流动资产：			负债：		
现金	40	21	长期负债		
应收款	56	58	短期负债	80	80
在产品	17	20	应付款		
产成品	2	5	应交税金	7	7
原材料	1		一年内到期的长期负债		
流动资产合计	116	105	负债合计	87	87
固定资产：			所有者权益：		
土地和建筑	20	20	股东资本	60	60
机器与设备	36	56	利润留存	14	37
在建工程	12	24	年度净利	23	21
固定资产合计	68	100	所有者权益合计	97	118
资产总计	184	205	负债和所有者权益总计	184	205

爱岗敬业 ◎ 诚实守信 ◎ 开拓创新 ◎ 合作共赢

任务六　全面提升——第6年模拟经营演练

一、任务情境

各团队经过前5年的经营，积累了一定的财富。接下来，企业召开第6年度规划会议。总经理向各部门传达了原材料市场行情的新变化：个别供应商货源不稳定，可能影响生产。要求采购部门采取措施积极应对，会同其他业务部门制定业务规划（见表4-36），决胜第6年。

表4-36　各部门第6年主要业务规划

部门总监	项　目	第6年主要业务规划
销售总监	广告费投放/订单选取	根据市场分析，拟投放广告费10万元。选取8张订单：6-0301、6-0305、6-0341、6-0345、6-0353、6-0359、6-0375、6-0379 产品/市场　本地　区域 P1　2　3 P2　2　3
	市场开拓/产品研发	无
	产品销售计划	第一季度交付订单6-0375、6-0305；第二季度交付订单6-0379、6-0301；第三季度交付订单6-0341、6-0353；第四季度交付订单6-0359、6-0345。第四季度末将库存1个P1、1个P2产品出售
生产总监	产品生产（转产）	无
	生产线购置、变卖	无
物流总监	正常采购	根据生产计划，提前做好一至四季度R1、R2原材料预订
	紧急采购	无
财务总监	银行贷款计划	根据资金需求预测，第一、三季度分别向银行贷款20万元、20万元
	应收款贴现	第一季度初，将上年末6-0273订单的应收款贴现
	纳税筹划	按要求做好本年度纳税筹划及所得税计算

二、任务实施

企业第6年的经营记录如表4-37至表4-42所示。

表 4-37　第 6 年经营记录表　　　　　　数量单位：个　金额单位：万元

操作顺序	企业经营流程		每执行完一项操作，**CEO** 请在相应的方格内打钩。			
	操作流程		记　录			
年初	新年度规划会议		√			
	广告投放		−10			
	参加订货会选订单 / 登记订单		√			
	支付应付税（25%）		−7			
1	季初盘点（请填余额）		5	69	43	78
2	更新短期贷款 / 短期贷款还本付息		−21	√	−21	−42
3	申请短期贷款		20	√	20	0
4	原材料入库 / 更新原材料订单		−15	−15	−15	−15
5	下原材料订单		10R1，5R2	10R1，5R2	10R1，5R2	10R1，5R2
6	更新生产 / 完工入库		4P1，4P2	5P1，5P2	5P1，5P2	5P1，5P2
7	新建 / 在建 / 变卖生产线		√	√	√	√
8	紧急采购		√	√	√	√
9	开始下一批生产		−10	−10	−10	−10
10	更新应收款 / 应收款收现		30	√	62	22
11	按订单交货		36	[28][34]	[29][22]	[24][28]
12	产品研发投资		√	√	√	√
13	新市场开拓					√
14	支付管理费		−1	−1	−1	−1
15	出售库存		√	√	√	0
16	应收款贴现		25	√	√	√
17	季末收入合计		111	0	82	22
18	季末支出合计		47	26	47	68
19	季末数额对账 [（1）+（17）−（18）]		69	43	78	32
年末	缴纳违约订单罚款（25%）					√
	支付设备维修费					−10
	计提折旧					[14]
	结账					22

表 4-38 第 6 年订单登记表　　　　　　　数量单位：个　金额单位：万元

订单号	6-0379	6-0375	6-0359	6-0353	6-0345	6-0341	6-0305	6-0301	合 计
市场	区域	区域	区域	区域	本地	本地	本地	本地	
产品	P2	P2	P1	P1	P2	P2	P1	P1	
数量	6	4	5	6	5	4	3	6	
账期	1	0	1	2	2	1	0	1	
销售额	34	22	24	29	28	22	14	28	
成本	18	12	10	12	15	12	6	12	
毛利	16	10	14	17	13	10	8	16	
未售									

表 4-39 第 6 年产品核算统计表　　　　　　数量单位：个　金额单位：万元

	P1	P2	合 计
数量	20	19	39
销售额	95	106	201
成本	40	57	97
毛利	55	49	104

表 4-40 第 6 年综合管理费用明细表　　　　　　　　　　万元

项 目	金 额	备 注
管理费	4	
广告费	10	
维修费	10	
市场准入开拓		
产品研发		
其他	0	
合 计	24	

表4-41　第6年利润表　　　　　　　　　　　　　　　　　　　　　万元

项　目	上年数	本年数
销售收入	134	201
直接成本	64	97
毛利	70	104
综合费用	21	24
折旧前利润	49	80
折旧	14	18
支付利息前利润	35	62
财务收入／支出（利息）	−7	−7
其他收入／支出	0	0
税前利润	28	55
所得税	7	13
净利润	21	42

表4-42　第6年资产负债表　　　　　　　　　　　　　　　　　　　万元

资　产	期初数	期末数	负债和所有者权益	期初数	期末数
流动资产：			负债：		
现金	22	22	长期负债		
应收款	58	81	短期负债	80	40
在产品	20	25	应付款		
产成品	5	3	应交税金	7	13
原材料			一年内到期的长期负债		
流动资产合计	105	131	负债合计	87	53
固定资产：			所有者权益：		
土地和建筑	20	20	股东资本	60	60
机器与设备	56	62	利润留存	37	58
在建工程	24		年度净利	21	42
固定资产合计	100	82	所有者权益合计	118	160
资产总计	205	213	负债和所有者权益总计	205	213

结束语

在教师的指导下，6年的模拟运营已经结束。在这共同运营的6个年度中，你是否已经将经营规则和企业总体规划融汇贯通，并运用于模拟经营的实践中呢？最深刻的体会是什么呢？

华为：从中国制造到中国创造

在中国，有这样一家企业。1987年，它以"有限公司"的方式诞生：在深圳一栋居民楼内；创业之初只有五六个人，两万多元的创业资本；老板任正非是个通信制造的门外汉。

三十多年后的今天，它的产品和服务遍及170多个国家和地区，服务于全球1/3人口，在北美、欧洲、日本、印度及中国等地设立了14个研发中心。其中，三大业务之一的消费业务，产品全面覆盖手机、个人电脑和平板电脑、可穿戴设备、移动宽带终端、家庭终端和终端云。此外，它还是全球著名的智能手机厂商。这家公司便是华为，是一家独一无二的中国企业，它的强大令其国际竞争者心生敬畏。

随着人工智能、云计算、大数据、物联网等新兴技术在各个领域的应用，全球范围的数字化进程正在加速，一场前所未有的数字化革命正在席卷所有的行业，数字化转型势在必行。《中国制造2025》提出，要加快推进新一代信息技术与制造技术融合发展，把智能制造作为深化融合的主攻方向，推进智能制造，培育新型生产方式。

华为作为全球领先的信息与通信解决方案供应商，很早就预测了"工业4.0"时代的到来，并一直致力于成为工业4.0时代的领军者。从5G通信技术与具有自主知识产权的鸿蒙操作系统，再到华为AI技术，无不彰显出华为"与时俱进、技术创新"的"能量"。未来，华为精心打造的万物互联世界、大数据通道，将会极大推动"工业4.0"时代向前发展，为传统企业改造升级提供极大便利。

团队讨论

① 你对当前的"中国制造"有什么看法？

② 请阐述你对"人才是创造的原动力"的理解，并谈谈要实现"中国创造"，需要从哪些方面入手。

项目五　自主经营，策略对抗

导学语

同学们，经过项目四的经营演练，大家已掌握了6个年度的经营方法，下面你的团队将开始新一轮的模拟经营对抗。请你们做好分工协作，制定策略，按照顺序进行经营操作，记录并填写相关表格，并及时做好总结。

做与学

任务一　第1年模拟经营对抗

一、市场分析与年初规划

（一）市场分析

企业第1年市场订单分析统计表如表5-1所示。

表5-1　第1年市场订单分析统计表

市　场	产　品	均　价 /万元	市场需求总量 /个	总订单数 /张	订单数量统计分析/张				预测组均产品数量 /个
					5个	4个	3个	2个	
本地	P1								
	P2								
区域	P1								
	P2								

（二）间谍信息

企业第 1 年间谍活动登记表如表 5-2 所示。

表 5-2　第 1 年间谍活动登记表　　　　数量单位：个　金额单位：万元

组别	资金			区域市场开拓	P2 产品研发	生产线		产品				原材料			
								库存		在产		库存		预订	
	现金	贷款	应收款			手工	自动	P1	P2	P1	P2	R1	R2	R1	R2
1															
2															
3															
4															
5															
6															
汇总															

注：第 1 年无间谍活动

（三）主要业务规划

企业各部门第 1 年主要业务规划如表 5-3 所示。

表 5-3　各部门第 1 年主要业务规划

部门总监	项　目	第 1 年主要业务规划
销售总监	广告费投放 / 订单选取	
	市场开拓 / 产品研发	
	产品销售计划	
生产总监	产品生产（转产）	
	生产线购置、变卖	
物流总监	正常采购	
	紧急采购	
财务总监	银行贷款计划	
	应收款贴现	
	纳税筹划	

二、 年度经营

企业第1年经营记录如表5-4至表5-9所示。

表5-4　第1年经营记录表　　　　　数量单位：个　金额单位：万元

用户_____		第___1___年经营		
操作顺序	企业经营流程	每执行完一项操作，CEO请在相应的方格内打钩。		
	操作流程	记　录		
年初	新年度规划会议			
	广告投放			
	参加订货会选订单/登记订单			
	支付应付税（25%）			
1	季初盘点（请填余额）			
2	更新短期贷款/短期贷款还本付息			
3	申请短期贷款			
4	原材料入库/更新原材料订单			
5	下原材料订单			
6	更新生产/完工入库			
7	新建/在建/变卖生产线			
8	紧急采购			
9	开始下一批生产			
10	更新应收款/应收款收现			
11	按订单交货			
12	产品研发投资			
13	新市场开拓			
14	支付管理费			
15	出售库存			
16	应收款贴现			
17	季末收入合计			
18	季末支出合计			
19	季末数额对账[（1）+（17）-（18）]			
年末	缴纳违约订单罚款（25%）			
	支付设备维修费			
	计提折旧			
	结账			

表5-5　第1年订单登记表　　　　　数量单位：个　金额单位：万元

订单号								合　计
市场								
产品								
数量								
账期								
销售额								
成本								
毛利								
未售								

表5-6　第1年产品核算统计表　　　　　　　　　万元

	P1	P2	合　计
数量			
销售额			
成本			
毛利			

表5-7　第1年综合管理费用明细表　　数量单位：个　金额单位：万元

项　目	金　额	备　注
管理费		
广告费		
维修费		
市场准入开拓		
产品研发		
其他		
合　计		

表5–8　第1年利润表　　　　　　　　　　　　　　　　　　　　万元

项　　目	上年数	本年数
销售收入		
直接成本		
毛利		
综合费用		
折旧前利润		
折旧		
支付利息前利润		
财务收入／支出（利息）		
其他收入／支出		
税前利润		
所得税		
净利润		

表5–9　第1年资产负债表　　　　　　　　　　　　　　　　　　万元

资　　产	期初数	期末数	负债和所有者权益	期初数	期末数
流动资产：			负债：		
现金			长期负债		
应收款			短期负债		
在产品			应付款		
产成品			应交税金		
原材料			一年内到期的长期负债		
流动资产合计			负债合计		
固定资产：			所有者权益：		
土地和建筑			股东资本		
机器与设备			利润留存		
在建工程			年度净利		
固定资产合计			所有者权益合计		
资产总计			负债和所有者权益总计		

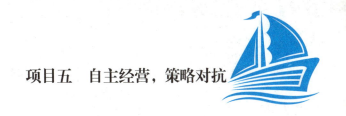

三、年度总结

企业第 1 年年终总结表如表 5-10 所示。

表 5-10　第 1 年年终总结表

版　块	预算与实际执行存在的差异	主要问题分析	如何改进	总体评价
销售板块				
生产板块				
采购板块				
财务板块				
团队合作	—			

任务二　第 2 年模拟经营对抗

一、市场分析与年初规划

（一）市场分析

企业第 2 年市场订单分析统计表如表 5–11 所示。

表 5–11　第 2 年市场订单分析统计表

市　　场	产　品	均　价/万元	市场需求总量/个	总订单数/张	订单数量统计分析/张				预测组均产品数量/个
					5 个	4 个	3 个	2 个	
本地	P1								
	P2								
区域	P1								
	P2								

（二）间谍信息

企业第 2 年间谍活动登记表如表 5–12 所示。

表 5–12　第 2 年间谍活动登记表　　　　数量单位：个　金额单位：万元

组别	资金			区域市场开拓	P2产品研发	生产线		产品				原材料			
	现金	贷款	应收款			手工	自动	库　存		在　产		库　存		预　订	
								P1	P2	P1	P2	R1	R2	R1	R2
1															
2															
3															
4															
5															
6															
汇总															

（三）主要业务规划

企业各部门第 2 年主要业务规划如表 5-13 所示。

表 5-13　各部门第 2 年主要业务规划

部门总监	项　目	第 2 年主要业务规划
销售总监	广告费投放／订单选取	
	市场开拓／产品研发	
	产品销售计划	
生产总监	产品生产（转产）	
	生产线购置、变卖	
物流总监	正常采购	
	紧急采购	
财务总监	银行贷款计划	
	应收款贴现	
	纳税筹划	

二、年度经营

企业第 2 年经营记录如表 5–14 至表 5–19 所示。

表 5–14　第 2 年经营记录表　　　　数量单位：个　金额单位：万元

操作顺序	企业经营流程		第___2___年经营	
	操作流程		每执行完一项操作，CEO 请在相应的方格内打钩。	
			记　录	
年初	新年度规划会议			
	广告投放			
	参加订货会选订单 / 登记订单			
	支付应付税（25%）			
1	季初盘点（请填余额）			
2	更新短期贷款 / 短期贷款还本付息			
3	申请短期贷款			
4	原材料入库 / 更新原材料订单			
5	下原材料订单			
6	更新生产 / 完工入库			
7	新建 / 在建 / 变卖生产线			
8	紧急采购			
9	开始下一批生产			
10	更新应收款 / 应收款收现			
11	按订单交货			
12	产品研发投资			
13	新市场开拓			
14	支付管理费			
15	出售库存			
16	应收款贴现			
17	季末收入合计			
18	季末支出合计			
19	季末数额对账 [（1）+（17）−（18）]			
年末	缴纳违约订单罚款（25%）			
	支付设备维修费			
	计提折旧			
	结账			

表5-15 第2年订单登记表　　　数量单位：个　金额单位：万元

订单号							合　计
市场							
产品							
数量							
账期							
销售额							
成本							
毛利							
未售							

表5-16 第2年产品核算统计表　　数量单位：个　金额单位：万元

	P1	P2	合　计
数量			
销售额			
成本			
毛利			

表5-17 第2年综合管理费用明细表　　　　　　　　万元

项　目	金　额	备　注
管理费		
广告费		
维修费		
市场准入开拓		
产品研发		
其他		
合　计		

表 5-18 第 2 年利润表   万元

项　　目	上年数	本年数
销售收入		
直接成本		
毛利		
综合费用		
折旧前利润		
折旧		
支付利息前利润		
财务收入 / 支出（利息）		
其他收入 / 支出		
税前利润		
所得税		
净利润		

表 5-19 第 2 年资产负债表   万元

资　　产	期初数	期末数	负债和所有者权益	期初数	期末数
流动资产：			负债：		
现金			长期负债		
应收款			短期负债		
在产品			应付款		
产成品			应交税金		
原材料			一年内到期的长期负债		
流动资产合计			负债合计		
固定资产：			所有者权益：		
土地和建筑			股东资本		
机器与设备			利润留存		
在建工程			年度净利		
固定资产合计			所有者权益合计		
资产总计			负债和所有者权益总计		

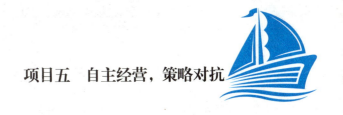

三、年度总结

企业第 2 年年终总结表如表 5-20 所示。

表 5-20　第 2 年年终总结表

版　块	预算与实际执行存在的差异	主要问题分析	如何改进	总体评价
销售板块				
生产板块				
采购板块				
财务板块				
团队合作	—			

任务三　第3年模拟经营对抗

一、市场分析与年初规划

（一）市场分析

企业第3年市场订单分析统计表如表5–21所示。

表5–21　第3年市场订单分析统计表

市　场	产　品	均价/万元	市场需求总量/个	总订单数/张	订单数量统计分析/张				预测组均产品数量/个
					≥5个	4个	3个	≤2个	
本地	P1								
	P2								
区域	P1								
	P2								

（二）间谍信息

企业第3年间谍活动登记表如表5–22所示。

表5–22　第3年间谍活动登记表　　　　数量单位：个　金额单位：万元

组别	资　金			区域市场开拓	P2产品研发	生产线		产　品				原材料			
	现金	贷款	应收款			手工	自动	库　存		在　产		库　存		预　订	
								P1	P2	P1	P2	R1	R2	R1	R2
1															
2															
3															
4															
5															
6															
汇总															

（三）主要业务规划

企业各部门第 3 年主要业务规划如表 5-23 所示。

表 5-23 各部门第 3 年主要业务规划

部门 总监	项 目	第 3 年主要业务规划
销售 总监	广告费投放 / 订单选取	
	市场开拓 / 产品研发	
	产品销售计划	
生产 总监	产品生产（转产）	
	生产线购置、变卖	
物流 总监	正常采购	
	紧急采购	
财务 总监	银行贷款计划	
	应收款贴现	
	纳税筹划	

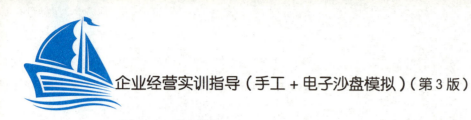
二、年度经营

企业第 3 年经营记录如表 5-24 至表 5-29 所示。

表 5-24　第 3 年经营记录表　　　　　　　数量单位：个　金额单位：万元

用户_____		第___3___年经营		
操作顺序	企业经营流程	每执行完一项操作，CEO 请在相应的方格内打钩。		
	操作流程	记　录		
年初	新年度规划会议			
	广告投放			
	参加订货会选订单／登记订单			
	支付应付税（25%）			
1	季初盘点（请填余额）			
2	更新短期贷款／短期贷款还本付息			
3	申请短期贷款			
4	原材料入库／更新原材料订单			
5	下原材料订单			
6	更新生产／完工入库			
7	新建／在建／变卖生产线			
8	紧急采购			
9	开始下一批生产			
10	更新应收款／应收款收现			
11	按订单交货			
12	产品研发投资			
13	新市场开拓			
14	支付管理费			
15	出售库存			
16	应收款贴现			
17	季末收入合计			
18	季末支出合计			
19	季末数额对账 [（1）+（17）-（18）]			
年末	缴纳违约订单罚款（25%）			
	支付设备维修费			
	计提折旧			
	结账			

表5-25　第3年订单登记表　　　　　　　　　　数量单位：个　金额单位：万元

订单号							合　计
市场							
产品							
数量							
账期							
销售额							
成本							
毛利							
未售							

表5-26　第3年产品核算统计表　　　　　　　　数量单位：个　金额单位：万元

	P1	P2	合　计
数量			
销售额			
成本			
毛利			

表5-27　第3年综合管理费用明细表　　　　　　　　　　　　　　万元

项　目	金　额	备　注
管理费		
广告费		
维修费		
市场准入开拓		
产品研发		
其他		
合　计		

表 5-28　第 3 年利润表　　　　　　　　　　　　　万元

项　目	上年数	本年数
销售收入		
直接成本		
毛利		
综合费用		
折旧前利润		
折旧		
支付利息前利润		
财务收入／支出（利息）		
其他收入／支出		
税前利润		
所得税		
净利润		

表 5-29　第 3 年资产负债表　　　　　　　　　　　万元

资　产	期初数	期末数	负债和所有者权益	期初数	期末数
流动资产：			负债：		
现金			长期负债		
应收款			短期负债		
在产品			应付款		
产成品			应交税金		
原材料			一年内到期的长期负债		
流动资产合计			负债合计		
固定资产：			所有者权益：		
土地和建筑			股东资本		
机器与设备			利润留存		
在建工程			年度净利		
固定资产合计			所有者权益合计		
资产总计			负债和所有者权益总计		

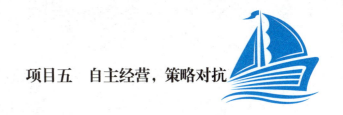

三、年度总结

企业第 3 年年终总结表如表 5–30 所示。

表 5–30　第 3 年年终总结表

版　　块	预算与实际执行存在的差异	主要问题分析	如何改进	总体评价
销售板块				
生产板块				
采购板块				
财务板块				
团队合作	—			

任务四　第4年模拟经营对抗

（一）市场分析

企业第4年市场订单分析统计表如表5-31所示。

表5-31　第4年市场订单分析统计表

市　场	产　品	均价/万元	市场需求总量/个	总订单数/张	订单数量统计分析/张				预测组均产品数量/个
					≥5个	4个	3个	≤2个	
本地	P1								
	P2								
区域	P1								
	P2								

（二）间谍信息

企业第4年间谍活动登记表如表5-32所示。

表5-32　第4年间谍活动登记表　　　数量单位：个　金额单位：万元

组别	资　金			区域市场开拓	P2产品研发	生产线		产　品				原材料			
	现金	贷款	应收款			手工	自动	库　存		在　产		库　存		预　订	
								P1	P2	P1	P2	R1	R2	R1	R2
1															
2															
3															
4															
5															
6															
汇总															

（三）主要业务规划

企业各部门第 4 年主要业务规划如表 5-33 所示。

表 5-33　各部门第 4 年主要业务规划

部门总监	项　目	第 4 年主要业务规划
销售总监	广告费投放 / 订单选取	
	市场开拓 / 产品研发	
	产品销售计划	
生产总监	产品生产（转产）	
	生产线购置、变卖	
物流总监	正常采购	
	紧急采购	
财务总监	银行贷款计划	
	应收款贴现	
	纳税筹划	

二、年度经营

企业第 4 年经营记录如表 5–34 至表 5–39 所示。

表 5–34　第 4 年经营记录表　　　　　数量单位：个　金额单位：万元

操作顺序	企业经营流程		
	操作流程	记　录	
年初	新年度规划会议		
	广告投放		
	参加订货会选订单 / 登记订单		
	支付应付税（25%）		
1	季初盘点（请填余额）		
2	更新短期贷款 / 短期贷款还本付息		
3	申请短期贷款		
4	原材料入库 / 更新原材料订单		
5	下原材料订单		
6	更新生产 / 完工入库		
7	新建 / 在建 / 变卖生产线		
8	紧急采购		
9	开始下一批生产		
10	更新应收款 / 应收款收现		
11	按订单交货		
12	产品研发投资		
13	新市场开拓		
14	支付管理费		
15	出售库存		
16	应收款贴现		
17	季末收入合计		
18	季末支出合计		
19	季末数额对账 [（1）+（17）-（18）]		
年末	缴纳违约订单罚款（25%）		
	支付设备维修费		
	计提折旧		
	结账		

用户_____　　　第___4___年经营

每执行完一项操作，CEO 请在相应的方格内打钩。

爱岗敬业 ◎ 诚实守信 ◎ 开拓创新 ◎ 合作共赢

表 5-35 第 4 年订单登记表　　　　数量单位：个　金额单位：万元

订单号									合　计
市场									
产品									
数量									
账期									
销售额									
成本									
毛利									
未售									

表 5-36 第 4 年产品核算统计表　　　　数量单位：个　金额单位：万元

	P1	P2	合　计
数量			
销售额			
成本			
毛利			

表 5-37 第 4 年综合管理费用明细表　　　　　　　　万元

项　目	金　额	备　注
管理费		
广告费		
维修费		
市场准入开拓		
产品研发		
其他		
合　计		

表 5-38　第 4 年利润表　　　　　　　　　　　　　　　　　　　万元

项　目	上年数	本年数
销售收入		
直接成本		
毛利		
综合费用		
折旧前利润		
折旧		
支付利息前利润		
财务收入/支出（利息）		
其他收入/支出		
税前利润		
所得税		
净利润		

表 5-39　第 4 年资产负债表　　　　　　　　　　　　　　　　　万元

资　产	期初数	期末数	负债和所有者权益	期初数	期末数
流动资产：			负债：		
现金			长期负债		
应收款			短期负债		
在产品			应付款		
产成品			应交税金		
原材料			一年内到期的长期负债		
流动资产合计			负债合计		
固定资产：			所有者权益：		
土地和建筑			股东资本		
机器与设备			利润留存		
在建工程			年度净利		
固定资产合计			所有者权益合计		
资产总计			负债和所有者权益总计		

三、年度总结

企业第 4 年年终总结表如表 5-40 所示。

表 5-40　第 4 年年终总结表

版　块	预算与实际执行存在的差异	主要问题分析	如何改进	总体评价
销售板块				
生产板块				
采购板块				
财务板块				
团队合作	—			

任务五　第5年模拟经营对抗

一、市场分析与年初规划

（一）市场分析

企业第5年市场订单分析统计表如表5-41所示。

表5-41　第5年市场订单分析统计表

市　场	产　品	均价/万元	市场需求总量/个	总订单数/张	订单数量统计分析/张				预测组均产品数量/个
					≥5个	4个	3个	≤2个	
本地	P1								
	P2								
区域	P1								
	P2								

（二）间谍信息

企业第5年间谍活动登记表如表5-42所示。

表5-42　第5年间谍活动登记表　　数量单位：个　金额单位：万元

组别	资　金			区域市场开拓	P2产品研发	生产线		产　品				原材料			
	现金	贷款	应收款			手工	自动	库　存		在　产		库　存		预　订	
								P1	P2	P1	P2	R1	R2	R1	R2
1															
2															
3															
4															
5															
6															
汇总															

（三）主要业务规划

企业各部门第 5 年主要业务规划如表 5–43 所示。

表 5–43　各部门第 5 年主要业务规划

部门总监	项　目	第 5 年主要业务规划
销售总监	广告费投放 / 订单选取	
	市场开拓 / 产品研发	
	产品销售计划	
生产总监	产品生产（转产）	
	生产线购置、变卖	
物流总监	正常采购	
	紧急采购	
财务总监	银行贷款计划	
	应收款贴现	
	纳税筹划	

二、年度经营

企业第 5 年经营记录如表 5–44 至表 5–49 所示。

表 5–44　第 5 年经营记录表　　　　数量单位：个　金额单位：万元

操作顺序	企业经营流程		每执行完一项操作，CEO 请在相应的方格内打钩。		
	操作流程		记　录		
年初	新年度规划会议				
	广告投放				
	参加订货会选订单 / 登记订单				
	支付应付税（25%）				
1	季初盘点（请填余额）				
2	更新短期贷款 / 短期贷款还本付息				
3	申请短期贷款				
4	原材料入库 / 更新原材料订单				
5	下原材料订单				
6	更新生产 / 完工入库				
7	新建 / 在建 / 变卖生产线				
8	紧急采购				
9	开始下一批生产				
10	更新应收款 / 应收款收现				
11	按订单交货				
12	产品研发投资				
13	新市场开拓				
14	支付管理费				
15	出售库存				
16	应收款贴现				
17	季末收入合计				
18	季末支出合计				
19	季末数额对账 [（1）+（17）−（18）]				
年末	缴纳违约订单罚款（25%）				
	支付设备维修费				
	计提折旧				
	结账				

表 5-45　第 5 年订单登记表　　　　数量单位：个　金额单位：万元

订单号								合 计
市场								
产品								
数量								
账期								
销售额								
成本								
毛利								
未售								

表 5-46　第 5 年产品核算统计表　　　　数量单位：个　金额单位：万元

	P1	P2	合 计
数量			
销售额			
成本			
毛利			

表 5-47　第 5 年综合管理费用明细表　　　　　　　　万元

项 目	金 额	备 注
管理费		
广告费		
维修费		
市场准入开拓		
产品研发		
其他		
合 计		

表5-48　第5年利润表 万元

项　目	上年数	本年数
销售收入		
直接成本		
毛利		
综合费用		
折旧前利润		
折旧		
支付利息前利润		
财务收入／支出（利息）		
其他收入／支出		
税前利润		
所得税		
净利润		

表5-49　第5年资产负债表 万元

资　产	期初数	期末数	负债和所有者权益	期初数	期末数
流动资产：			负债：		
现金			长期负债		
应收款			短期负债		
在产品			应付款		
产成品			应交税金		
原材料			一年内到期的长期负债		
流动资产合计			负债合计		
固定资产：			所有者权益：		
土地和建筑			股东资本		
机器与设备			利润留存		
在建工程			年度净利		
固定资产合计			所有者权益合计		
资产总计			负债和所有者权益总计		

三、年度总结

企业第 5 年年终总结表如表 5-50 所示。

表 5-50　第 5 年年终总结表

版　块	预算与实际执行存在的差异	主要问题分析	如何改进	总体评价
销售板块				
生产板块				
采购板块				
财务板块				
团队合作	—			

任务六 第6年模拟经营对抗

一、市场分析与年初规划

（一）市场分析

企业第6年市场订单分析统计表如表5-51所示。

表5-51 第6年市场订单分析统计表

市　场	产品	均价/万元	市场需求总量/个	总订单数/张	订单数量统计分析/张				预测组均产品数量/个
					≥5个	4个	3个	≤2个	
本地	P1								
	P2								
区域	P1								
	P2								

（二）间谍信息

企业第6年间谍活动登记表如表5-52所示。

表5-52 第6年间谍活动登记表　　数量单位：个　金额单位：万元

组别	资　金			区域市场开拓	P2产品研发	生产线		产品				原材料			
	现金	贷款	应收款			手工	自动	库　存		在　产		库　存		预　订	
								P1	P2	P1	P2	R1	R2	R1	R2
1															
2															
3															
4															
5															
6															
汇总															

（三）主要业务规划

企业各部门第 6 年主要业务规划如表 5-53 所示。

表 5-53 各部门第 6 年主要业务规划

部门 总监	项 目	第 6 年主要业务规划
销售 总监	广告费投放 / 订单选取	
	市场开拓 / 产品研发	
	产品销售计划	
生产 总监	产品生产（转产）	
	生产线购置、变卖	
物流 总监	正常采购	
	紧急采购	
财务 总监	银行贷款计划	
	应收款贴现	
	纳税筹划	

二、年度经营

企业第6年经营记录如表5-54至表5-59所示。

表5-54　第6年经营记录表

用户_____		第___6___年经营		
操作顺序	企业经营流程	每执行完一项操作，CEO请在相应的方格内打钩。		
	操作流程	记　　录		
年初	新年度规划会议			
	广告投放			
	参加订货会选订单/登记订单			
	支付应付税（25%）			
1	季初盘点（请填余额）			
2	更新短期贷款/短期贷款还本付息			
3	申请短期贷款			
4	原材料入库/更新原材料订单			
5	下原材料订单			
6	更新生产/完工入库			
7	新建/在建/变卖生产线			
8	紧急采购			
9	开始下一批生产			
10	更新应收款/应收款收现			
11	按订单交货			
12	产品研发投资			
13	新市场开拓			
14	支付管理费			
15	出售库存			
16	应收款贴现			
17	季末收入合计			
18	季末支出合计			
19	季末数额对账 [（1）+（17）-（18）]			
年末	缴纳违约订单罚款（25%）			
	支付设备维修费			
	计提折旧			
	结账			

表 5-55　第 6 年订单登记表　　　　　数量单位：个　金额单位：万元

订单号										合　计
市场										
产品										
数量										
账期										
销售额										
成本										
毛利										
未售										

表 5-56　第 6 年产品核算统计表　　　　　数量单位：个　金额单位：万元

	P1	P2	合　计
数量			
销售额			
成本			
毛利			

表 5-57　第 6 年综合管理费用明细表　　　　　　　　　　万元

项　目	金　额	备　注
管理费		
广告费		
维修费		
市场准入开拓		
产品研发		
其他		
合　计		

表 5-58　第 6 年利润表　　　　　　　　　　　　　　　　　　　　万元

项　目	上年数	本年数
销售收入		
直接成本		
毛利		
综合费用		
折旧前利润		
折旧		
支付利息前利润		
财务收入／支出（利息）		
其他收入／支出		
税前利润		
所得税		
净利润		

表 5-59　第 6 年资产负债表　　　　　　　　　　　　　　　　　　万元

资　产	期初数	期末数	负债和所有者权益	期初数	期末数
流动资产：			负债：		
现金			长期负债		
应收款			短期负债		
在产品			应付款		
产成品			应交税金		
原材料			一年内到期的长期负债		
流动资产合计			负债合计		
固定资产：			所有者权益：		
土地和建筑			股东资本		
机器与设备			利润留存		
在建工程			年度净利		
固定资产合计			所有者权益合计		
资产总计			负债和所有者权益总计		

三、年度总结

企业第 6 年年终总结表如表 5-60 所示。

表 5-60　第 6 年年终总结表

版　块	预算与实际执行存在的差异	主要问题分析	如何改进	总体评价
销售板块				
生产板块				
采购板块				
财务板块				
团队合作	—			

结束语

面对瞬息万变的市场环境，你们是否做了充分的准备？公司内部分工明确，部门之间进行有效的沟通协调，从而制定完善的策略以应对各种危机。不管身处何时何地，请你记住，合法经营是成功创业的首要条件。只有不忘初心，方能砥砺前行。

思政育人

鸿星尔克：守望相助，同"豫"同"州"

2021年7月20日，河南省郑州市遭遇暴雨，发生洪灾。郑州人民牵动着全国人民的心。暴雨不断，灾情升级，社会及企业纷纷自发向河南捐赠物资。

7月21日，鸿星尔克官方微博发布声明，向河南省捐款5 000万元物资以援助抗灾。在印象中，鸿星尔克的名气一直都很小。相比安踏、李宁这些国产品牌来说，它就像个"小透明"一样，透明到很多人都以为它快要倒闭了。就是这样一个几乎被大家遗忘的企业，在河南省遭遇暴雨侵袭的时候，却向郑州市捐赠了5 000万元的物资。很多人得知新闻后，都被鸿星尔克心系国家、心系社会的企业社会责任感深深感动。

次日，"鸿星尔克"登上热搜，随后引起网友冲入直播间"野性消费"。鸿星尔克董事长呼吁大众理性消费。一时间，鸿星尔克这一品牌受到了广泛关注，媒体和网民纷纷对其相关事件发声，使其成为舆论关注的焦点。

对此，鸿星尔克方面表示："作为民族品牌的一员，鸿星尔克始终关注公益事业，心系社会。"据悉，鸿星尔克在2019年向中国残联捐款1亿元，2020年向武汉市捐赠价值1 000万元的物资。

面对网上热议的"鸿星尔克捐得多，说得少"这一话题，总裁吴荣照回复网友："面对灾难，能做的很有限，尽自己的力量就好，把宣传资源留给更需要被关注的灾区。"

团队讨论

①鸿星尔克的爆红是不是偶然？

②党的二十大报告指出"必须坚持自信自立"。民族企业在中华民族伟大复兴进程中做出了巨大贡献，谈谈民族品牌如何自信自立、走出世界，你将如何用实际行动支持民族品牌的发展。

项目六 创新思维，能力提升

任务一 财务策略与创新

导学语

思政小课堂

职业素养之守正创新

资金链是企业的生命线。在企业的经营过程中，资金一旦出现缺口，将给企业的经营带来极大影响。你们在企业经营过程中，是否也遇到过资金问题？是怎样解决的呢？

做与学

财务管理的目标是企业价值最大化，整个财务运作的过程都是围绕这一核心目标展开的，其中筹资管理是财务管理的核心问题之一。公司筹资就是根据其对资金的需求状况，通过各种筹资渠道，采用一定的筹资方式筹措公司生存和发展所必需资金的行为。在制订筹资计划时，应当注意债务期限的配比问题，做好长短期资金的匹配。厂房和生产线的投资要根据具体情况具体对待。订单的选择、生产的计划及现金流和费用的控制，都要以企业价值最大化为目标。每年经营结束前，对利润表、资产负债表、现金流量表都要进行准确的核查。

（一）财务预算的好处

财务预算是整个沙盘模拟过程中很重要的工作。财务预算最大的好处就在于使企业的资金流处于掌控之中，广告的投入、生产线的投产、新产品的开发、原材料的购买等都离不开现金。因此，对现金问题应该一开始就做一个精细全面的预算。否则，企业会面临资金链断裂、成本加大、其他经营环节受牵连，甚至破产的险境。

财务预算的好处主要表现在以下几个方面。

第一，预算可以预测未来时期企业对到期债务的直接偿付能力。

在模拟的过程中，如果财务总监能在每年年初做出相应的预算，则能提前预测资金短缺的时点，进而在现金流出现缺口之前安排筹集，从而避免在短期借款到期时，因无法偿还而要通过贴现、"拆东墙补西墙"等方式渡过难关。财务预算也可以避免企业以后因融资困难而导致其他经营环节受到牵连。

第二，财务预算的编制有利于企业及时调整经营计划，便于强化内部控制。在每年年初的工作会议上，团队成员在 CEO 的带领下都要做出本年的年度经营计划。全年计划制订之后，财务总监要对这个计划做出财务预算。如果发现某个经营时点将出现现金短缺，那么这个计划就是不可行的，需要调整。只有当全年的计划在执行的每一步中都不会出现资金断流，这个计划才是可行的。

第三，财务预算的编制能够达到加强团队协作的目的。由于财务预算的编制是以销售预算、采购预算、生产预算、研发预算等各项经营预算为基础的，所以在每年年初的时候，财务总监应当从其他团队成员那里获得相应的预测数据。通过团队成员之间的沟通交流，可以避免因责任不清而造成相互推诿的情况发生。

在沙盘对抗赛中，财务预算是沙盘模拟最重要的工具，做了财务预算就不会出现经营到中途发生现金不足的突发事件：第一，可以知道各季度需要的借贷额，以此进行贷款；第二，可以减少对流动资金的需要，节约财务费用；第三，可以避免停产和断流等情况；第四，可以全面了解企业的财务情况，做出与财务相一致的投资决策。

（二）灵活地利用短期贷款

首先，对企业年内各个季度的现金收支项目做出预算，根据需要将贷款数额分散，这样可以减轻企业下一年各季度的还贷压力；其次，贷款额以满足企业的日常经营需要为度——不需要多贷，也不能少贷，这样既满足企业的需求，也节约财务费用。

创新思维　如非必须，尽量不要在每年第一季度进行高额贷款，否则次年第一季度还贷压力较大。由于第一季度季初需要投放广告费、支付税金，因此一旦上一年第四季度财务预算出现差错，就很容易出现资金紧张，甚至断流的情况。

（三）调整订单的交货顺序以达到现金流的通畅

在整个经营过程中，从经验来看，如果企业是高速发展的，那么在任何时刻现金流都是稀缺的。而销售收入是企业赖以生存的主要资金来源，销售收入的适时变现能够为企业的发

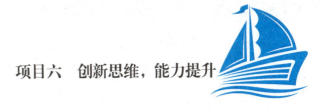

展带来很大的财力支持。因此，可以通过控制销售收入变现时间的方式来控制现金流入时间，进而达到节约筹资成本、保证现金流畅的目的。

沙盘中的订单分为加急订单和普通订单：加急订单要求在第几季度前交货；普通订单可以在年内任何一个季度规定的时间交货。可见，普通订单的交货时间是可控的。

普通订单的交货顺序应当在年初计划确定。在财务总监做出年度计划之后，看到本年的4个季度内哪个季度的现金流比较紧张，需要资金的迅速变现，就根据生产情况，结合资金缺口数量往前推账期，从而确定交货时间，选择合适的订单交货。

创新思维 如果年内未显现明显的资金缺口，但现金流比较紧张，则应先交付账期短、金额大的订单；如果4个季度内资金都比较充裕，那么应先交付账期长、金额大的订单，以备来年之需。

财务总监应根据其现金流的需要，通过调整交货时间实现对应收款回收期的调节。例如，如果企业第三季度需要的现金量多，前两季度基本不需要收回现金，那么应在第一季度选择交付两个账期的订单，第二季度选择交付一个账期的订单，第三季度选择现金收款的订单进行交付。

（四）在需要贴现时选择应收款的账期

贴现是企业的融资方式之一。有时候，现金流突然产生缺口，而又无法用贷款的方式进行融资时，就需要将应收款提前变现。如果提前使用应收款，就必须按一定的比例提取贴现费用，即从应收款中扣除相应的贴现费用（向上取整）后，将剩余款项放入现金。只有有足够的应收款，才可以随时贴现。但是应当按需贴现，不多贴现，而且有选择地进行贴现。在选择贴现的应收款时，同等条件下应尽量选择离贴现时点远的应收款，因为短账期能够在近期收现，从而有效地节约融资费用，以避免下次因现金流的断裂而产生的再次贴现。

创新思维 企业进行贴现前，应根据资金缺口额度选择相应的应收款。对应收款期限相同、金额不同的，应根据财务的需要，选择贴现后恰好能满足现金缺口的应收款进行贴现，以免额外负担贴现费用；对应收款期限不同而贴现费用相同的，应选择账期长的应收款贴现。

（五）使财务费用最小化

财务费用在整个综合费用中占的比重非常大，它的发生会直接导致企业所有者权益的减少，因而有效地控制财务费用尤为重要。财务费用包括两方面的内容：借款利息和贴现费用。要降低财务费用，就得减少这两方面的支出。可以参考的方法概

括为：多做财务预算；减少不必要的贷款；调整企业的交货时期，争取少贴现。要进行财务费用的控制，主要应关注以下两个方面。

① 筹资方式的选择。不同的筹资方式产生不同的筹资成本，在实际操作中应当根据具体情况尽量选择成本低的筹资方式。

② 财务预算的准确性。如果财务总监能够有效地进行年度现金收支的预算，那么企业在本年度内面临的现金缺口就能一目了然，进而对筹资方式的选择也就比较准确，从而可以避免因突然产生的现金缺口而发生不必要的财务费用。

（六）控制自动生产线应该建成的季度

要控制新投资的自动生产线折旧费用、维修费用在近期最低，就要使新投资的生产线正好在下一年的年初建成，以便能在第一季度上线进行生产。

创新思维　企业新建生产线要在年初做好规划，非紧急情况下自动生产线一般可以在第四季度进行建设，则当年度可规避折旧费用、维修费用。除第四季度外，企业根据生产规划，也可以在第一、二季度新建生产线。如非必要，原则上要避免在第三季度开建生产线。

（七）进行税务筹划

企业有时会出现多盈利1万元正好需要缴税的情况。这时，就可以利用这1万元进行投资，或者将其作为贴现费用，以便能收回一定的现金。

（八）资产负债表出现不平衡的原因及检查与改正

如果资产负债表出现"不平"的情况，该如何检查呢？一般容易在以下几个环节出现问题。

① 现金的收支是否已正确入账，有无漏记错记。另外，各项发生的费用是否已用现金支付，即放在盘面上指定的区域内。

② 应收款、短期负债的计算是否有误。

③ 机器设备是否正确提取折旧，设备净值计算是否正确。

④ 利润留存的计算是否有误。

财务板块在企业的经营过程中需要考虑的细节较多，对财务人员的工作要求也很全面。通过本任务的学习，你掌握了哪些技巧，又有什么特殊收获呢？

任务二 市场策略与创新

导学语

市场是企业赖以生存的土壤，企业的生存和发展离不开市场这个大环境。作为企业的经营者，我们该如何把握市场发展趋势，在市场上抢占先机呢？这就需要我们一起来学习一些市场方面的操作技巧。

做与学

要适应瞬息万变的市场，需要团队把握住市场走向，进行市场预测和调查。市场预测是企业战略制定和实施的重要前提；市场调查则是要调查客户需求、竞争对手的生产能力、投资组合、资本结构等，以利于合理利用资源。例如，在广告投入方面可以发现本企业与竞争对手在策略上的差距，从而根据自己的实际情况制定新的可以取胜的策略。

（一）投入广告费的技巧

选择主打产品时需要考虑产品生命周期、市场份额和消费者基础、竞争与干扰、广告频率、产品替代性。

基于以上原则投入广告费应从以下几个方面考虑：先根据企业各种产品的产能，估计出各种产品需要拿到几张订单（一般假设一张订单销售3个产品）；看市场的供求情况，对某种产品市场需求远大于供给的，可以按要拿订单张数来确定划分几个细分市场，并且少投入广告费，但如果需求小于供给，就需要多划分些细分市场及多投入广告费。

（二）拿订单主要考虑的问题

订单上一般包括订单号、市场、产品、数量、账期、销售额等项目。这些项目在选择订单时基本上都要考虑，而选订单时，对于不同的情况要求，考虑的重点是不同的：在企业销售困难时，应该选择数量多、销售额大的订单；销售容易时，应该选择利润高、账期短的订单；财务困

难时，应该选择账期短的订单，或者选择贴现为现金后比短账期订单更好的长账期订单。

符合企业需要的订单就是好订单。对于竞争激烈的市场，销售额多的订单是好的订单（与其他的订单相比，销售额的增加要能抵销增加产品的直接成本并带来达到最低要求的毛利）；对于竞争不激烈的市场，利润空间高的订单是好的订单。

（三）加急订单的选择

在市场总监打广告选择订单时，手中应该已经有该年产量的预算。值得注意的是，加急订单一般产品数量较少（1个或2个产品）。如果有机会选单，则应该首先选择产品数量较多的订单，以保证库存产品数量较多。如果加急订单的产品数量在产能之内，则可以在之后选单的过程中优先选择加急订单，因为加急订单较普通订单价格高。

（四）选订单时该产品的原材料没订够（可紧急采购）该做的选择

在这种情况下，先考虑生产该种产品需要紧急订购哪些原材料、需要多花费多少原材料成本，再用订单的销售额减去这一多花费的成本，用其差额作为这一订单的销售额。这样就可以把它当作没有紧急采购的订单一样考虑了。

（五）有交货期的订单选择

在选择有交货期的订单前，首先注意交货期到时产量是否可以完成。如果可以完成，则选择有交货期的订单，这样价格较高。

（六）企业急需现金，选择有账期的订单还是选择用现金交货的订单来贴现

在这种情况下，应该将有账期的订单进行贴现，用贴现后能收到的现金作为这张订单的销售额，再与现金交货的订单进行比较。如果是有账期的订单贴现更好、更划算，就选择有账期的订单，否则选择用现金交货的订单。

（七）企业急需现金，是多投入广告费拿零账期的现金订单还是少投入广告费

企业急需用的现金，不建议靠多投入广告费拿零账期的现金订单来实现。一般来说，广告费用投入多的企业并不先选现金交货的订单，因为现金交货的订单一般销售额都比较低，有时还不如拿销售额高、有账期的订单来进行贴现。因此，想拿现金交货的订单，并不需要多投入广告费，而是使用现有的广告策略尽量争取。另外，多投入的广告费还得立即用现金支付，使现金更加短缺。

（八）订单毛利率低，产能又无法跟上市场需求时订单的选择

不建议选择此订单，因为市场的需求大于供给，企业完全可以先将产品存起来，参加明年的选单。尽管这样会使产品的交货期推迟一个季度（对账款的收回、现金流的影响不大），但却获得了更高的价格。

结束语

市场环境瞬息万变，企业的市场规划不能一成不变。为了抢到更好的市场订单，你们团队是如何进行市场分析的呢？学完本任务，让你们印象最深刻的启发是什么？

任务三　生产策略与创新

导学语

生产的有序进行既是企业销售的有力保障，也是企业资金回流的最主要来源。那么，产能是不是越多越好呢？怎样做到零库存呢？

做与学

企业的生产要与市场需求、企业发展战略一致。产品的研发和产品组合应与市场需求和企业整体发展战略相匹配。生产总监按照企业的发展战略规划确定投资产能大、效率高的生产线。同时，生产线的建成也要与产品研发同步。在开始生产前，应制订合理的产销排程计划，以满足资金回流的需要。此外，生产总监要结合市场、财务、原材料等综合情况，预计下一年的产能和费用，以配合其他岗位的要求。

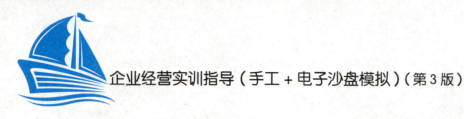

（一）安排企业的生产

第一，应该多安排生产市场需求量大、利润高的产品；第二，在某个产品出现较大库存时，可以适当调整生产布局。

（二）产品有积压时是否停产

即使产品有积压，也不建议停产。在沙盘模拟经营实训中，一般前几年市场需求较小，后几年较大，所以制订生产计划要有长远眼光。在有产品积压的情况下，如果财务能力允许，就应该继续生产，这样在后几年有较大的市场需求时，仍然有机会卖出全部产品。当然，在运营过程中，应尽量减少库存积压，尽量销售当年生产的产品，避免占用过多的资金。

（三）利用已有的手工生产线

手工生产线一般都要被效率高的自动生产线所替代，但在手工生产线还没有被淘汰时应做到：第一，充分利用其生产，不停产；第二，很好地利用其可随时转产的特点；第三，利用它和自动生产线对产品生产时间进行调节，以实现交货期的变更，最终达到调整应收款账期的作用。

（四）手工生产线淘汰的时间

手工生产线最好在每年年末，即第四季度淘汰，这样淘汰的生产线可以在全年生产，而不需要交维修费。当然，为了其他生产线投资及财务融资的需要，也有可能不到第四季度就将其淘汰。

企业的生产规划不能仅仅停留在企业的厂房和生产线上，应该把目光放得更远，原材料库存、市场预测、资金规划等因素都需要综合考虑，以达到最佳的生产规划。

任务四　采购策略与创新

导学语

生活中，你是否有囤货的习惯，看到喜欢的东西，总是忍不住买买买？在原材料采购环节，是否也可以囤货呢？企业在什么情况下囤货比较合适呢？

（一）控制原材料的采购数量

控制原材料的采购数量其实就是要限制库存的数量。一般情况下，如果产能、采购预算准确，则可以实现零库存。但为了满足临时添置手工生产线或生产线转产的需要，允许企业出现少量原材料库存。一般情况下，R1、R2 原材料可以有 1 个库存，以避免紧急采购而需要支付额外费用。

（二）采购与生产目标协调一致

采购是生产的前提，生产是采购的实现，两者只有协调一致才能实现共同的目标。生产总监只有监督好原材料的采购，才能保证生产的正常进行；采购总监只有确定好企业的生产目标，才能做好采购。生产人员在确定生产目标时要考虑市场和财务情况，应多安排生产市场需求量大、利润高的产品，同时，也要按财务要求安排生产，以满足财务对现金流的需要。

（三）采购自动生产线和手工生产线的原材料时与市场目标保持一致

市场总监希望销售需求量大、利润高的产品，同时还希望选单时有更多的灵活度。在订购原材料时，为了尽可能满足市场总监的需要，采购总监应按需求量大、利润高的产品来订购原材料，并在财务允许的范围内适当地多订购些原材料，以尽可能地增大生产灵活度，即给予市场总监更大的选单灵活性。

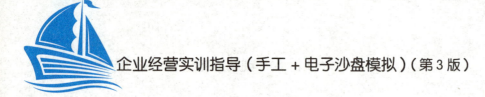

结束语

采购是企业生产的首要环节。采购总监应对企业采购活动进行科学管理，分析各种物资供应的合适时间点，采购合适的品种和数量，为企业生产做好后勤保障。

任务五　团队策略与创新

导学语

经过不断地模拟经营，大家担任不同的角色，相信在企业经营方面有很多深刻的感悟。下面，就一起来总结一些要点吧。

做与学

在艰苦的创业道路上，团队是创业的关键。但是团队的建设并不是一件简单的事情，它需要在每位成员之间建立一种亲密默契的关系。其中，领导者是一个重要的角色。作为一个组织的领导者，在影响他人以实现预期目标的过程中起着指导、协调和激励的作用。在管理过程中，由于组织成员在能力、态度、性格、地位等方面存在差异，加上各种外部因素的干扰，不可避免地会出现思想上的分歧和行动上的偏离，因此需要领导者来协调成员之间的关系，使他们朝着共同目标前进。

（一）创造并维护成员之间的良好氛围

良好的氛围对于一个团队来说就好比肥沃的土质对于水稻，成员之间关系紧张的团队要想取得好成绩无异于在盐碱地上种水稻。一个团结融洽、互帮互助、充满关心与爱护的团队

是取得胜利的必要条件。要创造并维护一个良好氛围，方法主要有以下几点。

① 沟通。队伍组建伊始，每位成员就应迅速融入组织，积极与队友交流，充分沟通、相互理解。

② 待队友要诚恳，为人要正直。

③ 队友之间要互相关心，互相帮助。

（二）每位成员在做好自己本职工作的同时，还应具备某岗位的基本技能

5 个职位的工作各有特点，之间存在关联、制约关系。

在现金流和物流两条企业的生命线上，相邻两个节点应该互相了解。在现金流上，市场总监应了解财务现状，如财务账目上现金是否紧张，年初是需要拿大单来贴现，还是抢毛利大的单来提高收益等。又如，对于生产费用、生产线建设所需资金，生产总监应及时报给财务总监，财务总监对生产情况也要有所了解。

在物流上，市场总监应该知道怎样计算产能，对自己的产能、柔性生产情况要一清二楚，对主要竞争对手的产能也要有所了解，这样在抢单时才能游刃有余；生产和采购总监对对方的工作要知根知底，由于这两项工作关联、制约性最强，因此这两位总监对对方的工作要达到能够取而代之而企业不受丝毫影响的程度。

（三）做到相互协助、相互监督，让错误率降到最低

1. 第一重要组合：生产总监与采购总监

采购总监筛选原材料订单的依据是生产总监所预算出的原材料需求，而原材料的采购又是稳定生产的前提。这是一条环环相扣的锁链，假如这两位总监配合不好导致原材料积压过多或停工待料，就会造成占用资金甚至订单违约。

2. 第二重要组合：财务总监与 X

X 可以是任何一位熟悉财务报表的成员，以便在年末单独填列一份报表与财务总监对账，核查错误。我们推荐 X 为 CEO，因为 CEO 带领团队进行年度的每一步运营，对每一笔支出和每笔收入都很清楚，由 CEO 担此任务最为合适。另外，熟悉财务报表是每位 CEO 的必修课，参与财务报表的填列与制作能加深 CEO 对本企业的深入了解，从而提高 CEO 的全局把握能力。

3. 第三重要组合：市场总监与 CEO

每年度广告的投放要由全组讨论商议，市场总监是主角，在填好广告表后要交由 CEO

审核，CEO检查后才可交表，以杜绝填表过程中的疏漏。

人在一起叫聚会 💙 心在一起叫团队

商场如战场，有时我们看到企业之间强强联合能创造出更大的商业价值，但这也并不绝对。在艰苦的创业道路上，团队成员之间的配合是创业成败的关键。

"海底捞"的商业模式创新

"海底捞"火锅店现在可谓是名噪大江南北，然而去吃过的人，回来谈论最多的并不是"海底捞"的食物有多么诱人可口，而是它甚至让人感到"奇葩"的服务。这究竟是怎么回事？引发无数讨论的"海底捞"究竟是靠什么火到如此地步的呢？

其实答案很简单，"海底捞"捞的不是别的，就是服务，是商业模式创新。其实早在"海底捞"这个品牌推出之前，市场上已经有无数的火锅店，市场几乎趋于饱和。在这种情况下，为了能够异军突起，就必须改变传统的商业模式，让消费者看到"海底捞"火锅店与市场上其他火锅店不同的地方，这样才能创造自己独特的价值，而受到消费者青睐。

"海底捞"董事长张勇讲述了他打造这样的"海底捞"的原因。他曾说："中国自古是礼仪之邦，在餐饮中也应该得到体现。顾客来到我们店里消费，他就应该享受到不一样的服务，这是对他们最起码的尊重。我曾经去过在全国很有名的'折香园'，他们的云南米线很有名气。然而当我进到店里的时候，看到的是昏暗的光线、狭窄的空间，人来人往，地板踩得黑乎乎的，实在是很不舒服。一家大型餐饮企业不考虑顾客的用餐感受，却把大量的精力投入到广告的投放。花大价钱赚来的知名度在这样的服务中消耗殆尽，得不偿失。"

在"海底捞"停车泊位、等位、点菜、中途上洗手间、结账走人等全流程的各个环节，都能让人感受到细致的服务。吃饭时，服务员会帮你将手机装到小塑料袋内以防进水，会给长发女士提供橡皮筋和小发夹，会为戴眼镜的朋友送来眼镜布。尤其值得一提的是等候服务，在"海底捞"，等位的顾客的脸上完全没有烦躁的表情，每个人都没闲着，上网、玩牌、下棋、喝东西、擦皮鞋、美甲等都是免费提供的服务。"顾客至上"这句话人人都知道，但是真正做到的很少很少。"海底捞"很好地抓住了顾客的心理，把重点放在了服务上。

做到你想不到的，做好你做到了的，"海底捞"正是凭借这样超凡的用户体验，在众多的火锅店中脱颖而出。

团队讨论

① 假如你想创业，你最先考虑的是哪方面的创新？为什么？

②"海底捞"在服务上有什么创新之处？对你有何启示？

③ 党的二十大报告指出"必须坚持守正创新"，请结合你的经历，谈谈在以后的学习和工作中，如何做到守正创新。

项目七　电子沙盘，创新竞技

导学语

在前6个项目中，我们系统学习了手工沙盘的操作，基本熟悉了模拟企业的经营流程和规则。随着大数据时代的来临，企业的管理模式也发生了变化，因此我们即将进入用友新道创业者沙盘 V5.0 的学习。电子沙盘依托互联网平台进行创新竞技，在这里将能感受到瞬息万变的商业环境，体验信息化企业管理，全面提升经营实战能力。

思政小课堂

职业素养之开拓进取

做与学

任务一　用友创业者电子沙盘介绍

新道科技股份有限公司是用友集团的重要成员企业，其推出的新道创业者沙盘 V5.0 用于模拟经营一家制造型企业。在仿真的市场环境中，学生可以通过分岗位角色扮演，连续从事5个会计年度的模拟企业经营活动。每个经营团队由4位同学组成，分饰 CEO、财务总监、运营总监、营销总监 4 个岗位角色。各团队通过模拟经营，学习掌握市场主体企业经营所涉及的整体战略、产品研发、设备投资改造、生产能力规划、物料需求计划、资金需求计划、市场与销售、财务经济指标分析、团队沟通与建设等多方面的内容；直接参与企业的经营活动，亲身体验复杂和抽象的企业经营管理理论，感受市场竞争的精彩与残酷，体验、承担经营风险与责任，在成功与失败的体验中对企业经营管理理论进行深入理解和有效掌握；灵活运用所学理论及方法，解决企业经营管理实践问题，锻炼模拟职能岗位的能力，体验相应的责、权、利，从而找到相应的"职业角色"感觉。

用友新道创业者沙盘 V5.0（以下简称创业者沙盘 V5.0）的特点是：采用 B/S 架构，基于 Web 的操作平台，实现了本地或异地的训练；经营过程可视化，可以对运作过程的主要环节进行全程记录和监控；既可以与手工沙盘结合使用，也可单独使用；可以让使用者在局域网或互联网环境下以计算机联网方式登录沙盘服务器系统，在窗口操作界面下完成操作。电子沙盘与手工沙盘是企业模拟经营过程的两种实现方式，互补互用。电子沙盘采取联网对抗的方法，每台参与对抗的计算机不需要安装客户端软件，只需要使用浏览器登录沙盘服务器系统，即可进行模拟对抗。通过电子沙盘序时控制，企业模拟经营过程中时间不可倒流，于是，相较于手工沙盘，电子沙盘的运作环节一经执行便不能悔改，因此更为真实地体现了现实的运作环境。这样，就迫使参与对抗的小组像真正经营企业一样负责地做好每一项决定，认真执行好每一项任务。

学生正式使用软件之前，教师需要先进行创业者沙盘实训的教学准备，包括局域网环境搭建，软件安装，启动服务器基础数据库，设置软件参数，增加班级，设置教师及其权限，导入沙盘电子交易规则文件、电子订单，制作详单，设置以教师身份登录的规则参数，设置参与沙盘经营的学生团队组数等内容。创业者沙盘 V5.0 自带 3 套不同难度的规则供师生练习时选用，本项目后续学习以基础规则一为范本。熟识软件操作后，师生可自行加大训练量和训练难度：单击"导入订单方案"或"导入规则方案"按钮，结合实际情况导入自定义规则进行提高操作。沙盘系统启动界面如图 7-1 所示。

图 7-1　沙盘系统启动界面

创业者沙盘 V5.0 推荐使用浏览器为 Internet Explorer 8.0 以上、选择极速模式的 360 浏览器或谷歌浏览器。在地址栏输入服务器 IP+ 端口，本地可用 127.0.0.1:8081；用管理员账号登录后，可以创建教学班，进行教师管理、权限管理、数据备份与还原。完成上述步骤后，以教师身份登录，对教学班进行初始化设置。在学生学习实践过程中，教师可以在教师端主页面查询每组学生的经营信息，包括公司资料、库存采购信息、研发认证信息、财务信息、

厂房信息、生产信息等；可以执行特定学生组还原本年，还原本季，修改密码，追加资本，修改状态，查询主要财务信息、综合费用、利润表、资产负债表、现金流量表、订单列表等。

 小任务

① 运用搜索工具上网搜索创业者沙盘 V5.0 的相关信息。

② 教师演示软件安装和环境搭建全过程，学生尝试理解。

任务二　电子沙盘模拟经营规则

创业者沙盘 V5.0 模拟的对象是制造型企业，因此必须对企业的生产、销售、盈利等重要经营规则有一定的了解。同时，需要重点关注企业在经营过程中现金流的情况。企业的运行离不开"钱"，保证现金流的充裕，确保企业不会因为现金断流而破产是做好沙盘经营的难点之一。

一、生产规则

（一）厂房

系统自带规则一下的厂房投入与经营的规则如表 7-1 所示。

表 7-1　系统自带规则一下的厂房投入与经营规则

名　称	买　价	租　金	售　价	容　量
大厂房	40 万元	5 万元 / 年	40 万元	6 条
小厂房	30 万元	3 万元 / 年	30 万元	4 条

说明：厂房出售得到账期为 4 季的应收款，紧急情况下可用厂房贴现，直接得到现金。厂房租入后，一年后可做租转买、退租等处理，由续租系统自动处理。

① 买价：购买厂房的价格。

② 租金：租用厂房每年所需的费用。如果年末不进行厂房处理（租转买、买转租、退租），则自动续租一年。

③ 售价：出售厂房的价格。

④ 容量：厂房所能容纳生产线的最大数量。

⑤ 厂房贴现：出售厂房将获得账期为 4 季的应收款。

⑥ 不同的比赛规则，对允许拥有厂房的数量有不同的限制。

（二）生产线

系统自带规则一下的生产线投入与经营规则如表 7-2 所示。

表 7-2　系统自带规则一下的生产线投入与经营规则

名　称	投资总额	每季投资额	安装周期	生产周期	总转产费用	转产周期	维修费	残　值	折旧费	折旧时间	分值
手工生产线	5 万元	5 万元	0	3 季	0	0	0 万元 / 年	1 万元	1 万元	4 年	
自动生产线	15 万元	5 万元	3 季	1 季	2 万元	1 季	2 万元 / 年	3 万元	3 万元	4 年	

说明：安装周期为 0，表示即买即用。计算投资总额时，如果安装周期为 0，则按 1 算。不论何时出售生产线，价格为残值，净值与残值之差计入损失。只有空生产线方可转产，当年建成的生产线需要交维修费，建成当年不计提折旧（采用平均年限法）。

① 每季投资额：也称购置费，是购买生产线的价格。每季投资额按季度平均支付。

例如，购置一条自动生产线，需要每个季度投资 5 万元，共投资 3 个季度。中途可中止投资，累计投资完成才可投入生产。

② 安装周期：安装该生产线所需的时间。无安装周期表示即买即用；安装周期为 3 季表示需要投资 3 个季度才能使用。

例如，第一季度开始投资建一条自动生产线，连续投资 3 个季度，那么在第四季度自动生产线建成，此时才可投入使用。

③ 生产周期：生产线生产一个产品所需要的时间。

例如，手工生产线生产周期为 3 季，如果第一季度投入生产，则第四季度能得到产品。

④ 总转产费用：生产线转产需要付的费用。

例如，如果第二季度生产 P1 产品，第三季度想生产 P2 产品，则此时需要在第三季度初进行转产并支付相应的费用（只有空闲的生产线才可以进行转产）。

⑤ 转产周期：生产线转产所需的时间。

⑥ 维修费：建成的生产线在年末所支付的维修费用。

● 在建：生产线正在建设且还没建设完。

例如，第一季度投资建设自动生产线，连续投资 3 个季度，那么从第一到第三季度该生产线都属于在建状态，此时既不能投入使用，也无须缴纳维修费。

● 建成：生产线建设完成。

例如，第一季度投资建设自动生产线，连续投资 3 个季度，那么第四季度建成。

⑦ 残值：机器设备折旧完成以后所剩余的价值。（出售生产线按残值计算，如自动生产线，无论何时出售，都只能卖 3 万元）

⑧ 折旧费：以下示例为平均年限法。

例如，（15 万元 -3 万元）÷4 年 =3 万元 / 年。

⑨净值：生产线折旧后剩余的价值。（出售生产线，净值与残值的差值计入损失）

（三）产品

系统自带规则一下的产品开发与生产规则如表7-3所示。

表7-3　系统自带规则一下的产品开发与生产规则

名　　称	开发费	开发周期	加工费	直接成本	产品组成
P1	1万元/季	2季	1万元	2万元	1R1
P2	1万元/季	3季	1万元	3万元	1R1，1R2

说明：开发费用在季末支付，不允许加速投资，但可以中断投资。

①开发费：开发产品每个季度的花费。

②开发周期：需要开发的时间（不可加速投资开发）。

③加工费：生产一个产品所需的费用。

④产品组成：生产该产品所需的原材料。

例如，生产一个P2产品需要一个R1原材料、一个R2原材料。

⑤多种产品可同时开发。

⑥研发完成后才能获得产品生产资格。

⑦紧急采购：除自己生产产品外，还能通过紧急采购获得产品，即买即到，不需要自己加工生产，但价格一般为直接成本的3倍（以具体规则为准）。

例如，紧急采购一个P1产品，将花费6万元；紧急采购一个P2产品，将花费9万元。紧急采购可在任何时间进行。

⑧库存出售：变卖库存，产品按照直接成本价出售。

例如，出售一个P1产品将得到2万元。库存出售可在任何时间进行。

（四）原材料

系统自带规则一下的原材料购买与购买在途运输期规则如表7-4所示。

表7-4　系统自带规则一下的原材料购买与购买在途运输期规则

名　　称	购买单价	提前期
R1	1万元	1季
R2	1万元	1季

①提前期：原材料无法即买即到，需要提前预订，提前期就是需要提前预订的时间。

例如，在第一季度预订了1个R1原材料、1个R2原材料，那么R1原材料和R2原材料在第二季度才能到货。

② 费用支付：预订原材料（下原材料订单）不需要支付费用，到货时（更新原材料）才支付费用。

③ 紧急采购：除了自己订购原材料，还能通过紧急采购获得原材料，实现即买即到，但费用一般为正常购买价格的 2 倍（以具体规则为准）。紧急采购可在任何时间进行。

④ 库存出售：变卖库存，原材料一般按价格的 80% 出售，向下取整（以具体规则为准）。

例如，出售 1 个 R1 原材料，将得到 1 万元 ×0.8=0.8 万元，向下取整为 0，即出售 1 个 R1 原材料将得到 0 元。再如，出售 2 个 R1 原材料，2 万元 ×0.8=1.6 万元，向下取整为 1 万元，即出售 2 个 R1 原材料得到 1 万元现金。库存出售可在任何时间进行。

二、销售规则

（一）订单

系统自带规则一下的市场订单规则如表 7-5 所示。

表 7-5　系统自带规则一下的市场订单规则

订单编号	年　份	市　场	产品	数　量	总　价	交货期	账　期	ISO 认证	所属用户
S211_01	第 2 年	本地	P1	1 个	5 万元	4 季	1 季	—	—
S311_12	第 3 年	本地	P1	2 个	11 万元	4 季	1 季	9000	—
S312_06	第 3 年	本地	P2	2 个	15 万元	4 季	1 季	9000/14000	—

一张订单上有以下要素：市场、产品、数量、单价、总价、账期、交货期、ISO 认证（具体视订单要求而定）。

① 市场：只有完成了市场开拓才能在该市场上投放广告与获取订单。

② 数量：该订单包含的产品数量。

③ 账期：交货后应收款到账所需的时间，并不是所有订单都是即卖即到。

例如，账期为 4 季的订单，如果在当年第二季度交货，则在下一年第二季度应收款更新时才能到账。未到账资产计入应收款，应收款可进行贴现。

④ 交货期：最迟交货季度。

例如，如果拿了一张交货期为 4 季的订单，则意味着最迟第四季度末要交货，否则就算违约（可提前交货，但不能推迟交货）。

⑤ 违约：超过交货期未交货就算违约。违约金将于年末扣除，且为该订单价格总额的 20%（四舍五入，以具体规则为准）。

⑥ ISO 认证：有些订单需要 ISO 认证，如果未达到该订单 ISO 认证要求，则无法获取该订单。

（二）广告投放

① 时间：每年年初，即第一季度当季开始前（第1年没有广告投放环节）。

② 广告额：最低广告额为1万元。理论上投入1万元即可获得1次选单机会，每多增加2万元可再获得1次选单机会（以具体规则为准）。

例如，在本地市场的P1产品上投放了3万元的广告费用，意味着拥有2次选单机会。但这只是选单机会，如果在选单之前订单已被选完，那么拥有选单机会也没用。

③ 市场老大：在某个市场上一年的销售额最高，且没有违约的组别。

例如，如果你在本地市场上一年的销售额最高且没有违约，则意味着你今年是本地市场的市场老大。只要在该市场投放了广告，市场老大便可最先选单，即市场老大在本地市场的P1产品上只需要投放1万元，无论其他人的广告费用有多高，市场老大都是第一个选单。

注意，如果上一年销售额最高的组别有违约记录，那么本年该市场没有市场老大。

④ 产品广告额：在某市场某产品上所投放的广告额。

⑤ 市场广告额：在某市场所有产品上投放的广告额之和。

⑥ 上年销售额：上一年交货的全部订单总额（不包含违约订单）。

⑦ 选单顺序：

1）如果该市场存在市场老大且其在该市场产品上投放了广告，则市场老大优先选单。

2）看本市场本产品的广告额，广告额高者优先选单。

3）如果2）中的广告额相同，则看本市场广告总额，总额高者优先选单。

4）如果3）中的总额相同，则看上一年该市场销售额，销售额高者优先选单。

5）如果以上部分都相同，则按时间决定，先投广告者先选单。

6）每个组别每次只能选一张单，即尽管你是第一个选单，且有2次选单机会，在第一次选单时也只能选1张单；第二次选单时，需要等其他组别选完后，如果市场上还有订单，则轮到你时才能再次选单。

例如，本地市场P1产品8组团队广告投放与选单顺序如表7-6所示。

表7-6　本地市场P1产品8组团队广告投放与选单顺序

组　别	产品广告	市场广告总额	上年销售额	选单顺序
A06（市场老大）	3万元	5万元	60万元	1
A08	6万元	10万元	40万元	2
A01	5万元	11万元	50万元	3
A05	5万元	9万元	55万元	4
A03	3万元	8万元	40万元	5
A02	3万元	8万元	38万元	6
A04	2万元	6万元	20万元	7
A07	2万元	6万元	20万元	8

说明：

① A06 是市场老大，所以第 1 个选单。

② A08 不是市场老大但产品广告额最高，所以第 2 个选单。

③ A01 与 A05 产品广告额相同，但 A01 市场广告总额高于 A05，所以 A01 第 3 个选单，A05 第 4 个选单。

④ A03 与 A02 产品广告额、市场广告总额均相同，但 A03 上一年在该市场的销售额高于 A02，所以 A03 第 5 个选单，A02 第 6 个选单。

⑤ A04 与 A07 产品广告额、市场广告总额、上年销售额都相同，但因 A04 先于 A07 投放了广告，所以 A04 第 7 个选单，A07 第 8 个选单。

当所有组别都经历了一次选单后，拥有两次及以上选单机会的组别才能开始第二轮选单（能否轮上由该市场的订单数量决定）。

（三）ISO 认证

系统自带规则一下的 ISO 标准化生产资格开发规则如表 7-7 所示。

表 7-7　系统自带规则一下的 ISO 标准化生产资格开发规则

名　　称	开发费	开发时间
ISO9000	1 万元 / 年	2 年
ISO14000	2 万元 / 年	2 年

说明：开发费用在年末支付，不允许加速投资，但可以中断投资。开发完成后，领取相应的资格证。

（四）市场准入

系统自带规则一下的市场准入资格开发规则如表 7-8 所示。

表 7-8　系统自带规则一下的市场准入资格开发规则

名　　称	开发费	开发时间
本地	1 万元 / 年	1 年
区域	1 万元 / 年	1 年

说明：开发费用按开发时间在年末支付，不允许加速投资，但可以中断投资。市场开发完成后，领取相应的市场准入证。

因为投放广告、订货会在年初，所以如果第 1 年年末开发本地市场，那么第 2 年可在本地市场和区域市场投放广告及选择订单。

三、利润与现金流规则

现金获取方式

除了一开始股东注资的资本及出售产品所获得的销售收入，还能通过以下方式获取资金。

① 长期贷款只能在每年年初进行。单击第一季度当季开始的按钮后，长期贷款选项将消失，所以一定要谨慎操作。

② 短期贷款只能在每季度初进行。单击更新原料库的按钮后，短期贷款选项将消失，所以一定要谨慎操作。

③ 资金贴现，贴现费用向上取整（以具体规则为准）。

例如，一笔账期 2 季的 11 万元应收款，全部拿去贴现，贴现费用 =11 万元 ×10%=1.1 万元，向上取整为 2 万元。贴现费用为 2 万元，实际得到 9 万元现金。

④ 权益：权益就是公司净资产。权益的基本计算公式为：

$$权益 = 总资产 - 负债$$

⑤ 贷款额度：长短贷款总和（未归还部分）不能超过上年权益的 3 倍（以具体规则为准）。

例如，初始权益为 80 万元，那么第 1 年可贷款总额 =80 万元 ×3=240 万元。假如第 1 年借了长期贷款 70 万元，第二季度借了短期贷款 40 万元，由于研发产品、开拓市场等投资，第 1 年年末权益降至 50 万元，所以此时第 2 年可贷款的总额本应为 50 万元 ×3=150 万元。但由于第 1 年已经借了长短期贷款 110 万元且未归还，所以第 2 年第一季度实际可贷款额度 =150 万元 −110 万元 =40 万元。当第二季度归还了上年借的短期贷款 40 万元后，可贷款额度就变成了 40 万元 +40 万元 =80 万元（150 万元 −70 万元 =80 万元）。

⑥ 应交税：填补完历年亏损后，企业盈利的部分按 25% 缴纳税款（四舍五入，以具体规则为准）。每年年初需要支付上一年的应交税款。

例如，企业的初始权益为 80 万元，第 1 年年末权益为 40 万元，因为第 1 年企业为亏损状态，所以不需要缴税；第 2 年企业净利润为 39 万元，此时企业权益为 79 万元，仍为亏损状态，因此仍不用缴税；第 3 年企业净利润为 21 万元，弥补完历年亏损（−1 万元）以后，企业还有 20 万元的税前利润，此时企业为盈利状态，需要缴纳税款，税额 =20 万元 ×25%=5 万元，所以企业应交税额为 5 万元。

⑦ 管理费：企业的差旅费等各种费用。每季度末需要支付 1 万元管理费（以具体规则为准），管理费记入综合管理费用明细表。

⑧ 信息费：经营者在年中通过间谍系统获取其他企业信息所支付的费用。

⑨ 违约金扣除时四舍五入。

⑩ 库存拍卖所得现金向下取整。

⑪ 贴现费用向上取整。

⑫ 库存折价拍卖、生产线变卖、紧急采购、订单违约计入损失，损失记入综合管理费用明细表中的"其他"栏。

注意，不同沙盘核算规则存在偏差，操作时以具体规则为准。

系统自带规则一下的重要参数如表7-9所示。

表7-9 系统自带规则一下的重要参数

违约金比例	20.0 %	贷款额倍数	3 倍
产品折价率	100.0 %	原材料折价率	80.0 %
长期贷款利率	10.0 %	短期贷款利率	5.0 %
账期为1季、2季贴现率 10.0 % 账期为3季、4季贴现率 12.5 %			
初始现金	80 万元	管理费	1 万元
信息费	1 万元	所得税税率	25.0 %
最长长期贷款年限	5 年	最小得单广告额	1 万元
原材料紧急采购倍数	2 倍	产品紧急采购倍数	3 倍
选单时间	45 秒	首位选单补时	15 秒
市场同开数量	2 个	市场老大	无
竞单时间	90 秒	竞单同竞数	3 张
最大厂房数量	4 个		

 小任务

学生识背规则一，以及系统自带规则一、规则二、规则三、国赛、省赛、市赛、自定义规则的比较、运用。

任务三　系统经营流程与操作

一、 系统登录

学生按4人分组，登录沙盘服务器指定IP地址和端口号，以教师分配的组标设定团队

基础参数。学生登录界面如图 7-2 所示，团队注册界面如图 7-3 所示。

图 7-2 学生登录界面

图 7-3 团队注册界面

二、 熟悉电子沙盘模拟企业经营的初始状态和年初 6 项工作

（一）电子沙盘企业模拟经营的初始状态

电子沙盘企业模拟经营初始状态界面如图 7-4 所示。

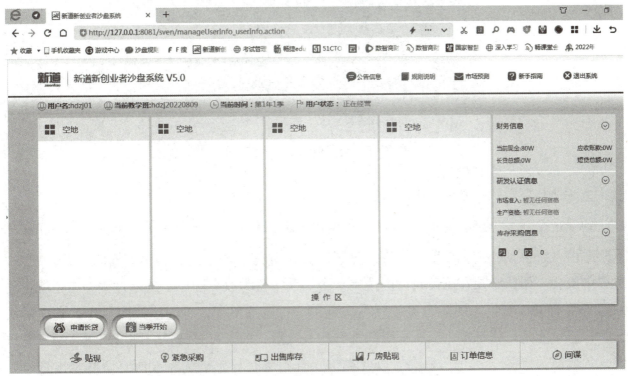

图 7-4 电子沙盘企业模拟经营初始状态界面

（二）年初 6 项工作

1. 广告投放（首年不用，第 2 年开始启用）

企业要生存，就必须投入广告占领市场，扩大自己的知名度。团队需要获得市场准入证和 ISO 资格（如果需要）才能打开投放广告界面。投放广告界面如图 7-5 所示，准备参加订货会界面如图 7-6 所示。

图 7-5 投放广告界面

图 7-6　准备参加订货会界面

2. 参加订货会选订单 / 登记订单

第 2 年年初，当指导教师确认模拟市场所有团队投放广告后，宣布订货会开始。团队选单顺序由系统自动确定。系统默认投 1 万元广告有一次选单机会，此后每增加 2 万元，多一次选单机会。团队必须在倒计时以内选单，否则系统视为放弃选单。选单过程中，系统自动判定是否有 ISO 资格。团队也可放弃本次选单。每轮选单中，各团队按照排定的顺序依次选单，但只能选一张订单。当所有团队都选完一次后，如果再有订单，则可以进行第二轮选单，各团队行使第二次选单机会。以此类推，直到所有订单被选完或所有团队退出选单为止，订货会结束。参加订货会并选取订单后，登记订单。模拟企业团队投放广告后等待订货会开始界面如图 7-7 所示。教师宣布选单开始后，团队单击"开始选单"按钮，如图 7-8 所示。进入参加订货会界面，如图 7-9 所示。注意多个市场的选单要求和时间控制。学生在选单过程中，教师要随时处理市场突发情况。教师选单管理界面如图 7-10 所示。

图 7-7　等待订货会开始界面

图 7-8　准备开始选单界面

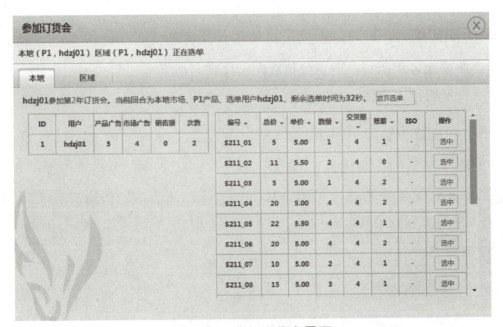

图 7-9　参加订货会界面

图 7-10　教师选单管理界面

3. 支付应交税

按照系统设定参数支付所得税，系统自动从资金处取出相应金额，放到税金处。

4. 支付长期贷款利息

根据前面各年所贷长期贷款之和的相应利率支付长期贷款利息，系统自动从资金处取出相应金额，列入财务费用。

5. 更新长期贷款／长期贷款还款（第2年开始更新）

系统自动将前面各年所贷长期贷款依次向前移动。如果有到期的长期贷款，则从资金处取出相应资金交还银行（系统自动扣除）。

6. 申请长期贷款（首年可用）

例如，申请4年期的长期贷款60万元，单击"申请长贷"按钮，设置"需贷款年限"为4年、"需贷款额"为60万元，如图7-11所示。单击"确认"按钮，系统自动将从银行取得的60万元资金放入资金处，并且记录4年期的60万元长期贷款。然后单击"当季开始"按钮，进入第一季度运营。

图7-11 申请长贷界面

三、认知季度17项工作

1. 季初盘点

系统自动盘点资金处的现金。

2. 更新短期贷款 / 短期贷款还本付息

系统自动将前面各年所贷短期贷款依次向前移动。如果有到期的每期贷款，则从现金中拿出相应资金（本金＋利息）交给银行。

3. 申请短期贷款

例如，申请短期贷款 30 万元，单击"申请短贷"按钮，设置"需贷款额"为 30 万元，如图 7-12 所示。系统自动将从银行取得的 30 万元资金放入资金处。

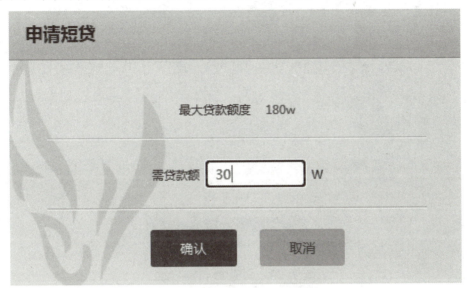

图 7-12　申请短期贷款界面

4. 原材料入库 / 更新原材料订单

单击"更新原料库"按钮，系统自动将原材料订单向前移动。如果有原材料到货，则将相应的费用从资金处取出，支付给供应商，并从供应商处取得相应的原材料放入对应原材料库，进入第一季度运营界面。例如，第 1 年第三季度更新原材料订单，扣除 3 万元，如图 7-13 所示。

图 7-13　更新原材料界面

5. 下原材料订单

根据生产需要，向供应商订购所需的原材料。例如，第1年第二季度下R1原材料2个、R2原材料1个，如图7-14所示。订购原材料后，继续进行模拟公司第1年第一季度其他项目的运营。模拟公司第1年第一季度运营界面如图7-15所示。

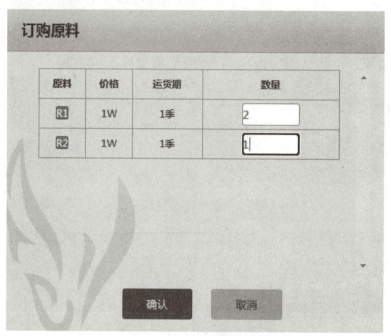

图7-14　订购原材料界面

图7-15　第1年第一季度运营界面

6. 购买/租用一厂房

购买一个大厂房，单击"购租厂房"按钮，"厂房类型"选择"大厂房"，"订购方式"

选择"买"，如图7-16所示。单击"确认"按钮，系统自动从资金处取出40万元放到空地处，并摆放"大厂房"标志。

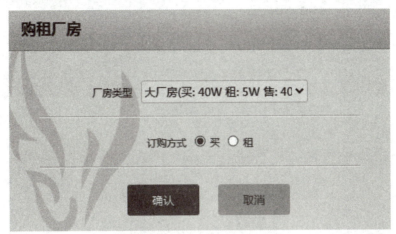

图 7-16　购租厂房界面

7. 更新生产 / 完工入库

系统自动将生产线上的产品向前移动，如果有完工产品，则从生产线上移到相应的产品库中。

8. 新建、在建、转产、变卖生产线

例如，第1年第一季度新建1条手工生产线生产P1产品、新建1条自动生产线生产P2产品；第1年第二季度接着投资建设自动生产线。单击"新建生产线"按钮，"所属厂房"选择"大厂房"，"类型"选择"手工线"，"生产产品"选择"P1"，如图7-17所示。单击"确认"按钮，系统自动从资金处取出5万元现金，放到手工生产线的生产线净值处，并且摆放产品标志P1。重复以上操作，用15万元购买一条自动生产线生产P2产品，如图7-18所示。在建生产线继续投入资金界面如图7-19所示。

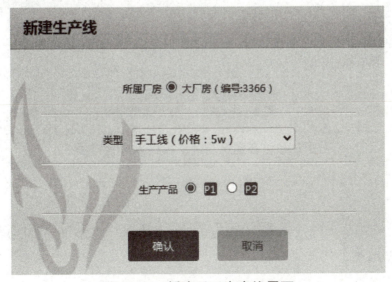

图 7-17　新建手工生产线界面

图 7-18　新建自动生产线界面

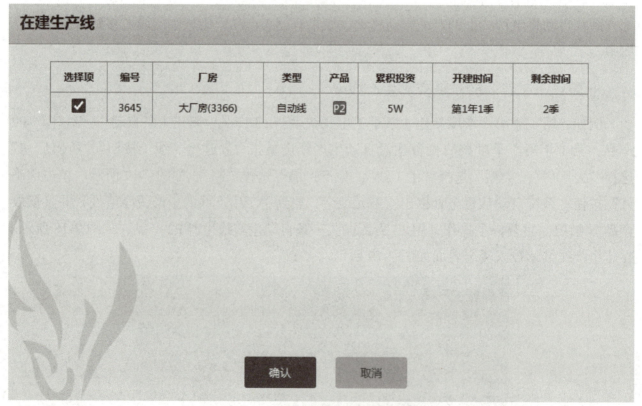

图 7-19　在建生产线继续投入资金界面

9. 紧急采购

如果因材料不足无法生产，或者库存产品不足无法交货，则可以随时进行紧急采购。其操作界面如图 7-20 所示。如无则略过。

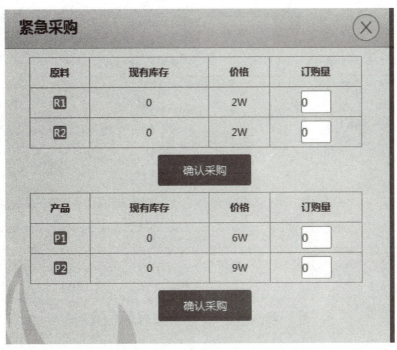

图 7-20 紧急采购原材料和产品界面

10. 开始下一批生产

按照生产计划开始下一批生产；如无则略过。例如，第 1 年第三季度开始用手工生产线生产 P1 产品，如图 7-21 所示。

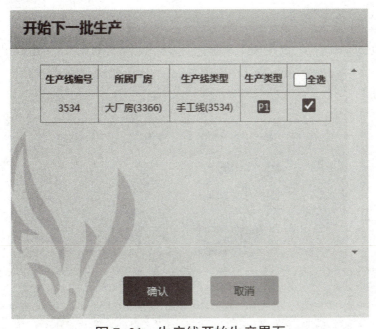

图 7-21 生产线开始生产界面

11. 更新应收款 / 应收款收现

系统自动将各季度的应收款向前移动，如果有到期的应收款，放入资金处；如无则略过。单击"应收款更新"按钮，进入第 2 年第一季度运营界面，如图 7-22 所示。

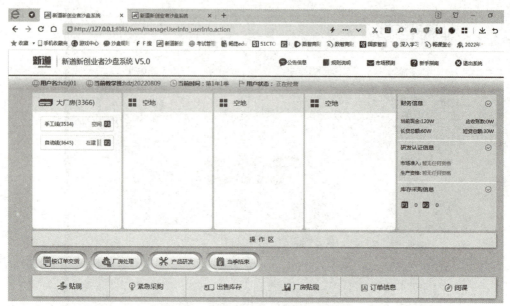

图 7-22 　第 2 年第一季度运营界面

12. 按订单交货

按照所取得的订单交货，将产品交给客户，系统自动从银行取出相应现金放到资金处或应收款处；如无则略过。

13. 产品研发投资

根据制订的计划研发 1 季 P1 产品、1 季 P2 产品，操作界面如图 7-23 所示。系统自动从资金处取出 1 万元放到 P1 生产资格处，接着自动从资金处取出 1 万元放到 P2 生产资格处。

图 7-23 　产品研发界面

14. 厂房出售（买转租）、退租、租转买

如果有厂房出售（买转租）、退租、租转买操作，可在此进行；如无则略过。

15. 新市场开拓/ISO 资格投资

此项操作只在第四季度进行。例如，第 1 年第四季度开拓本地市场和区域市场，如图

7-24 所示；第 1 年第四季度进行 ISO 资格投资，如图 7-25 所示；ISO 资格投资完毕后，单击"当年结束"按钮，第 1 年第四季度运营界面如图 7-26 所示。

图 7-24　本地和区域市场开拓界面

图 7-25　争取 ISO 资格投资界面

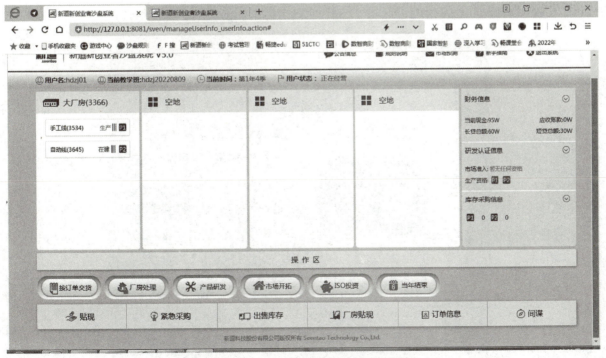

图 7-26　第 1 年第四季度运营界面

16. 支付管理费／更新厂房租金

支付行政管理费 1 万元，系统自动从资金处取出 1 万元放到管理费处。如果有续租厂房的行为，系统自动将相应厂房租金放到租金处。系统自动更新产品开发情况，当季结束。当季结束界面如图 7-27 所示。

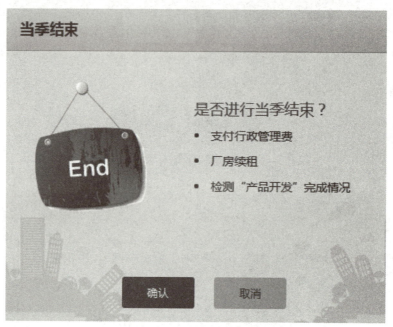

图 7-27 当季结束界面

17. 季末财务数据对账计算

计算本季度所有收入、本季度所有支出，然后将本季度所有收入减去本季度所有支出，进行季末数额对账，之后新的经营季开始。当季开始界面如图 7-28 所示。

图 7-28 当季开始界面

进入第二季度经营，过程循环。运营年第四季度结束后，单击"当年结束"按钮，界面如图 7-29 所示。当年结束后，单击"填写报表"按钮，填写第一年末 3 个报表，报表数据来源与填写详见后面的"报表填写"部分。单击"投放广告"按钮，执行投放广告任务，如图 7-30 所示。

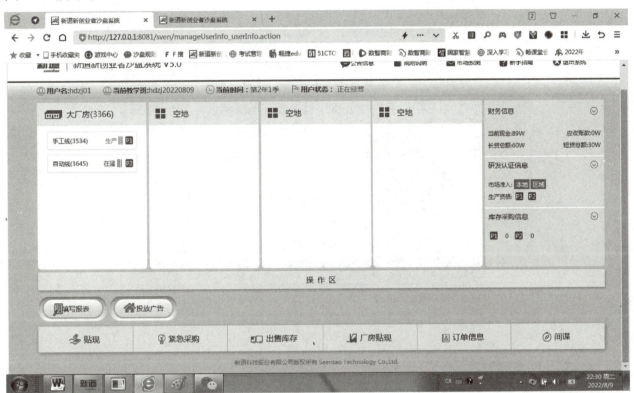

图 7-29　第 1 年第四季度末准备填写报表、投放广告界面

图 7-30　第 1 年第四季度末投放广告参与市场抢单界面

四、年末 4 项工作处理

1.缴纳违约订单罚款

处于首季或无违约季则无操作。如果有违约没交货的订单，则系统自动用订单总金额乘

以20%，四金五入计算出违约金，从盘面资金处取出相应违约金放到其他处。此操作由系统自动完成，如图7-31所示。

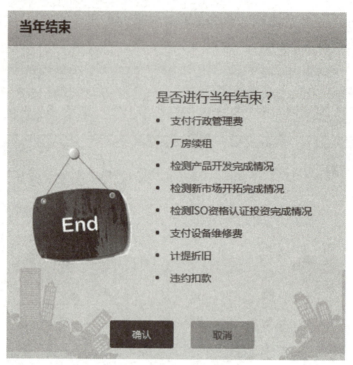

图7-31　运营年当年结束界面

2. 支付设备维修费

无设备维修季无操作。如果有设备维修费，则系统自动从资金处取出相应设备维修费放到维修费处。此操作由系统自动完成，见图7-31。

3. 计提折旧

一般首年无操作。如果有设备需要计提折旧，则系统自动从生产线取出相应折旧费放到折旧处。此操作由系统自动完成，见图7-31。

4. 新市场/ISO资格换证

系统自动根据市场资金投入情况和ISO资金投入情况，换取本地市场和区域市场的资格证。此操作由系统自动完成，见图7-31。

五、 报表填写

① 综合管理费用明细表填写。综合管理费用明细表记录企业运营中的各项费用。各费用项目的具体数据来源如表7-10所示。各运营团队依照此数据来源填写综合管理费用明细表，用户hdzj01第1年年末填写的综合管理费用明细表示例如表7-11所示。

表 7-10　电子沙盘综合管理费用明细表项目及其数据来源

项　目	金　额	备　注	数据来源
管理费			盘面
广告费			盘面
设备维修费			盘面
转产费			盘面
租金			盘面
市场准入开拓		□本地　□区域　□国内 □亚洲　□国际	盘面
产品研发		P1(　) P2(　)	盘面
ISO 资格认证		□ ISO9000　□ ISO14000	盘面
信息费			盘面
其他（损失）			盘面
合　计			合计数

表 7-11　用户 hdzj01 第 1 年年末综合管理费用明细表示例　　　　万元

项　目	第 1 年金额
管理费	4
广告费	0
设备维修费	0
转产费	0
租金	0
市场准入开拓	2
产品研发	5
ISO 资格认证	3
信息费	0
其他（损失）	0
合　计	14

　　② 利润表填写。利润表核算企业年末的经营成果。利润表各项目的具体数据来源如表 7-12 所示。各运营团队依照此数据来源填写利润表，用户 hdzj01 第 1 年年末填写的利润表示例如表 7-13 所示。

表7-12　电子沙盘利润表项目及其数据来源

项　目	本年数	数据来源
销售收入		销售额合计
直接成本		成本合计
毛利		销售收入－直接成本
综合管理费用		综合管理费用明细表合计
折旧前利润		毛利－综合管理费用
折旧		盘面
支付利息前利润		折旧前利润－折旧
财务费用（利息＋贴息）		盘面
税前利润		支付利息前利润－财务费用
所得税		税前利润×25%
净利润		税前利润－所得税

表7-13　用户 hdzj01 第1年年末利润表示例　　　　　　　　　万元

项　目	第1年金额
销售收入	0
直接成本	0
毛利	0
综合管理费用	14
折旧前利润	−14
折旧	0
支付利息前利润	−14
财务费用（利息＋贴息）	0
税前利润	−14
所得税	0
净利润	−14

③ 资产负债表填写。资产负债表反映企业年末的财务状况。资产负债表各费用项目的具体数据来源如表7-14所示。各运营团队依照此数据来源填写资产负债表。用户 hdzj01 第1年年末填写的资产负债表示例如表7-15所示。

表 7-14 电子沙盘资产负债表项目及其数据来源

资　产	数据来源	负债和所有者权益	数据来源
流动资产：		负债：	
现金	盘面	长期负债	盘面
应收款	盘面	短期负债	盘面
在产品	盘面	应交税金	利润表所得税
产成品	盘面		
原料	盘面		
流动资产合计	合计数	负债合计	合计数
固定资产：		所有者权益：	
土地和建筑	厂房价值之和	股本	股东资本。默认系统初始数
机器与设备	设备价值之和	利润留存	上年利润留存加上年年度净利
在建工程	在建设备价值之和	年度净利	利润表中的净利润
固定资产合计	合计数	所有者权益合计	合计数
资产总计	流动资产与固定资产之和	负债和所有者权益总计	负债和所有者权益之和

表 7-15 用户 hdzj01 第 1 年年末资产负债表示例 　　　　万元

项　目	第 1 年金额
现金	89
应收款	0
在产品	2
产成品	0
原材料	5
流动资产合计	96
土地和建筑	40
机器与设备	5
在建工程	15
固定资产合计	60
资产总计	156
长期负债	60
短期负债	30
特别贷款	0

续表

项 目	第1年金额
应交税金	0
负债合计	90
股东资本	80
利润留存	0
年度净利	−14
所有者权益合计	66
负债和所有者权益总计	156

六、特殊经营情况处理

（一）紧急采购

如果原材料订单计算失误，导致原材料不能满足生产需要，需要紧急采购原材料，则原材料需要按成本2倍的价格来采购以便继续生产。如果因为生产计划失误，导致库存产品不够交货，则可以通过成本3倍的价格紧急采购产品来交货。其操作界面如图7-32所示。

图7-32 紧急采购界面

例如，预计生产3个P1产品，但是忘记下R1原材料订单，而库存只有2个R1原材料，就可以通过紧急采购1个R1原材料继续生产。其操作为：单击"紧急采购"按钮，在R1原材料的"订购量"文本框中输入1，系统自动从供应商处得到2个R1原材料，放到R1原材料库中；从资金处取出2万元资金，1万元交予供应商作为材料款，另外1万元放到其他处作为损失。

（二）出售库存

如果由于资金不足即将无法经营，则可以出售库存换取资金，维持经营。其中，出售库存原材料为 8 折，出售库存产成品为成本价。其操作界面如图 7-33 所示。

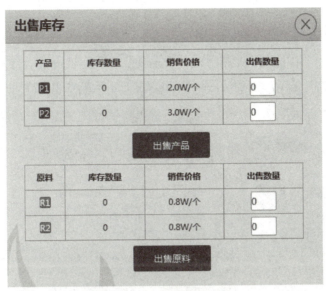

图 7-33　出售库存界面

例如，出售 3 个 R2 原材料。其操作为：单击"出售库存"按钮，在 R2 原材料的"出售数量"文本框中输入 3，系统自动将原材料库中的 3 个 R2 原材料交予供应商，换取 2 万元资金放置于资金处，另外 1 万元放置于其他处作为损失。

（三）应收款贴现

如果经营资金短缺，则可将未到期的应收款贴现，以换取资金，维持经营。其中，账期为 1 季、2 季的应收款贴现息为 10%，账期为 3 季、4 季的应收款贴现息为 12.5%。其操作界面如图 7-34 所示。

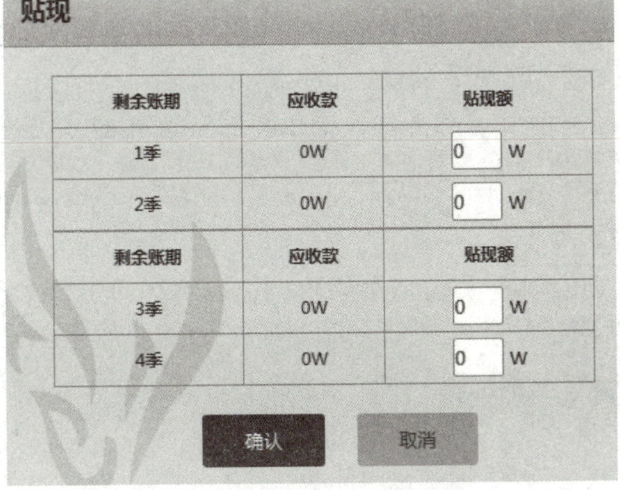

图 7-34　应收款贴现界面

例如，将未到期的账期为 3 季的应收款 8 万元贴现。其操作为：在 3 季的"贴现额"文本框中输入 8，系统自动从未到期的账期为 3 季的应收款 8 万元中取出 1 万元放置于贴息处，另外 7 万元放置于资金处。

（四）厂房贴现

如果经营资金短缺，则可以将所购置的厂房贴现，以换取资金，维持经营。厂房贴现后自动由购买转为租用，并将厂房资金作为未到期的账期为 4 季的应收款贴现。其操作界面如图 7-35 所示。

图 7-35 厂房贴现界面

例如，将所购置的 40 万元大厂房贴现。其操作为：单击"厂房贴现"按钮，选择大厂房，系统自动将所购置的 40 万元大厂房贴现，将大厂房处的 40 万元资金取出 5 万元放置于租金处，取出 5 万元作为贴现息放置于贴息处，另外 30 万元放置于资金处。

 小任务

① 打开客户端，在浏览器地址栏输入正确网址，登录并注册系统和团队信息。要会判断网络是否畅通，并进行简单的网络设置。

② 查看初始年电子盘面信息，会进行初始年长期贷款处理、运营年 6 项基本任务处理。

③ 进行运营年 17 项任务处理。

④ 进行年末 4 项工作处理。

⑤ 适应不同沙盘规则的材料采购与生产协调，预算处理，综合管理费用明细表、利润表和资产负债表填制。

⑥ 尝试进行违约及紧急事项处理。

结束语

大数据时代商业环境、企业经营发生了深刻变化，让我们一起来借助电子沙盘模拟企业经营，体验企业经营的快乐吧！

思政育人

人民日报点赞中兴通讯，中国5G世界领先

在"推动中国制造向中国创造转变、中国速度向中国质量转变、中国产品向中国品牌转变"的思想主导下，越来越多的中国品牌跨出国门走向世界，在世界消费市场中占据重要地位。

2022年7月11日，人民日报刊文《中兴通讯积极建设5G生态——5G行业应用渐入佳境》，报道了中兴通讯在近年来取得的成就。作为5G领军企业、公认的大国品牌，中兴通讯在5G领域实至名归。多年来，中兴通讯始终坚持"向下扎根"，持续投入，以芯片、算法、架构等基础创新夯实根基。早在2021年，中兴通讯就在通信领域的2021年5G实力榜中斩获了9项大奖。在关键核心技术专利储备上，截至2021年12月底，中兴通讯拥有约8.4万件全球专利申请，历年全球累计授权专利约4.2万件。除此之外，中兴通讯还成了全球产业标准的参与者与贡献者，其始终将技术标准工作视作公司发展的第一要务，并积极参与全球主流行业标准组织。据了解，中兴通讯已成为ITU、3GPP、ETSI、NGMN、IEEE、CCSA、5GAIA、AII等200多个国际标准化组织、产业联盟、科学协会和开源社区的成员，累计提交国际国内标准化提案、贡献研究论文超过10万篇，取得了400多个国际标准编辑者席位和起草权。

现如今，中兴通讯在5G领域的布局，已经在全球范围内铺展开来。分布在全球15个研发基地的5 000名专业的研发人员、35 000名的研发队伍集中精力攻克5G关键的技术，并拿下了中国、欧亚、中东等多个地区的5G商用合作。报道指出，中兴通讯依托5G网络，梳理出15个典型行业领域，并细分了上百个应用场景，积极建设5G生态。除满足宏覆盖、室内、热点街道、高铁隧道等常规场景的5G需求外，还提供空中航线、地面超高速磁悬浮等特殊场景覆盖。持续创新的中兴通讯，始终保持领先行业地位，但这并非终极目标。当前，中兴通讯已经迈开追求更多5G应用同样领先的战略步伐，面向信息消费、实体经济、民生服务、工业互联网、车联网、智慧医疗等诸多领域。未来的中兴通讯将和云计算、大数据、人工智能、边缘计算、区块链等技术融合形成"组合拳"，持续完善5G产业链体系。届时，基于技术实力、战略布局、5G应用扩展等多重优势，中兴通讯必然将站在广度更大、

维度更高的世界之巅。

从中国制造到中国创造，从中国产品到中国品牌，由点及线，由线到面，在世界格局上，中国品牌的影响力越来越大！

团队讨论

① 你如何看待电子沙盘核算和当今的数字化生存？对中国所处的 5G 时代有何感想？

② 你对"中国制造到中国创造，从中国产品到中国品牌"有什么看法？

③ 党的二十大报告指出"建设现代化产业体系""推动制造业高端化、智能化、绿色化发展"，你认为我们学生当前要怎样做，才能更好地服务于中国制造向高端、智能化发展？

附录 A

校园创业计划书参考模板

第一章　项目背景

第二章　项目描述

一、项目概述
二、产品和服务介绍
（一）需求分析

（二）产品定位

（三）产品介绍

（四）产品 / 服务描述

项目分类	产品名称	规　格	单　价	产品图片

三、团队主要成员

成员姓名	专　业	相关经验	主要负责内容

第三章　市场分析

一、项目 SWOT 分析

优势（Strengths）	劣势（Weaknesses）
机会（Opportunities）	风险（Threats）

二、销售渠道和市场需求预测

项目分类	产品名称	销售渠道	市场需求预测

第四章　策略分析

一、市场策略
二、产品和服务发展策略

三、团队管理策略

第五章　财务分析

一、前期投入资金分析

前期资金投入一览表

序　号	类　别	费　用	费用清单	备　注
1				
2				
合　计				

二、收入分析与预测

收入预测表

业　务	第一季	第二季	第三季	第四季
合　计				

三、成本、费用分析与预测

成本、费用预测表

类　型	项　目	第一季	第二季	第三季	第四季
成本					
	合　计				
费用					
	合　计				

四、利润分析与预测

利润分析与预测表

项　目	第一季	第二季	第三季	第四季
收入				
成本				
费用				
税前利润				

第六章　计划实施

第七章　预期成果

附录 B

1—6 年企业经营记录表

第 1 年经营记录表　　　　　　　　数量单位：个　金额单位：万元

操作顺序	企业经营流程		第___1___年经营		
	操作流程		每执行完一项操作，CEO 请在相应的方格内打钩。		
			记　录		
年初	新年度规划会议				
	广告投放				
	参加订货会选订单 / 登记订单				
	支付应付税（25%）				
1	季初盘点（请填余额）				
2	更新短期贷款 / 短期贷款还本付息				
3	申请短期贷款				
4	原材料入库 / 更新原材料订单				
5	下原材料订单				
6	更新生产 / 完工入库				
7	新建 / 在建 / 变卖生产线				
8	紧急采购				
9	开始下一批生产				
10	更新应收款 / 应收款收现				
11	按订单交货				
12	产品研发投资				
13	新市场开拓				
14	支付管理费				
15	出售库存				
16	应收款贴现				
17	季末收入合计				
18	季末支出合计				
19	季末数额对账 [（1）+（17）-（18）]				
年末	缴纳违约订单罚款（25%）				
	支付设备维修费				
	计提折旧				
	结账				

第 1 年订单登记表　　　　数量单位：个　金额单位：万元

订单号								合　计
市场								
产品								
数量								
账期								
销售额								
成本								
毛利								
未售								

第 1 年产品核算统计表　　　　数量单位：个　金额单位：万元

	P1	P2	合　计
数量			
销售额			
成本			
毛利			

第 1 年综合管理费用明细表　　　　　　　　万元

项　目	金　额	备　注
管理费		
广告费		
维修费		
市场准入开拓		
产品研发		
其他		
合　计		

第 1 年利润表   万元

项　目	上年数	本年数
销售收入		
直接成本		
毛利		
综合费用		
折旧前利润		
折旧		
支付利息前利润		
财务收入／支出（利息）		
其他收入／支出		
税前利润		
所得税		
净利润		

第 1 年资产负债表   万元

资　产	期初数	期末数	负债和所有者权益	期初数	期末数
流动资产：			负债：		
现金			长期负债		
应收款			短期负债		
在产品			应付款		
产成品			应交税金		
原材料			一年内到期的长期负债		
流动资产合计			负债合计		
固定资产：			所有者权益：		
土地和建筑			股东资本		
机器与设备			利润留存		
在建工程			年度净利		
固定资产合计			所有者权益合计		
资产总计			负债和所有者权益总计		

第2年经营记录表　　　　　　　　数量单位：个　金额单位：万元

操作顺序	企业经营流程	每执行完一项操作，**CEO** 请在相应的方格内打钩。		
	操作流程	记　录		
年初	新年度规划会议			
	广告投放			
	参加订货会选订单 / 登记订单			
	支付应付税（25%）			
1	季初盘点（请填余额）			
2	更新短期贷款 / 短期贷款还本付息			
3	申请短期贷款			
4	原材料入库 / 更新原材料订单			
5	下原材料订单			
6	更新生产 / 完工入库			
7	新建 / 在建 / 变卖生产线			
8	紧急采购			
9	开始下一批生产			
10	更新应收款 / 应收款收现			
11	按订单交货			
12	产品研发投资			
13	新市场开拓			
14	支付管理费			
15	出售库存			
16	应收款贴现			
17	季末收入合计			
18	季末支出合计			
19	季末数额对账 [（1）+（17）-（18）]			
年末	缴纳违约订单罚款（25%）			
	支付设备维修费			
	计提折旧			
	结账			

第 2 年订单登记表　　　　　　　　数量单位：个　金额单位：万元

订单号						合　计
市场						
产品						
数量						
账期						
销售额						
成本						
毛利						
未售						

第 2 年产品核算统计表　　　　　　　数量单位：个　金额单位：万元

	P1	P2	合　计
数量			
销售额			
成本			
毛利			

第 2 年综合管理费用明细表　　　　　　　　　　　　　万元

项　目	金　额	备　注
管理费		
广告费		
维修费		
市场准入开拓		
产品研发	-	
其　他		
合　计		

第2年利润表
万元

项　目	上年数	本年数
销售收入		
直接成本		
毛利		
综合费用		
折旧前利润		
折旧		
支付利息前利润		
财务收入/支出（利息）		
其他收入/支出		
税前利润		
所得税		
净利润		

第2年资产负债表
万元

资　产	期初数	期末数	负债和所有者权益	期初数	期末数
流动资产：			负债：		
现金			长期负债		
应收款			短期负债		
在产品			应付款		
产成品			应交税金		
原材料			一年内到期的长期负债		
流动资产合计			负债合计		
固定资产：			所有者权益：		
土地和建筑			股东资本		
机器与设备			利润留存		
在建工程			年度净利		
固定资产合计			所有者权益合计		
资产总计			负债和所有者权益总计		

第 3 年经营记录表　　　　　　　数量单位：个　金额单位：万元

操作顺序	企业经营流程	每执行完一项操作，CEO 请在相应的方格内打钩。		
	操作流程	记　　录		
年初	新年度规划会议			
	广告投放			
	参加订货会选订单 / 登记订单			
	支付应付税（25%）			
1	季初盘点（请填余额）			
2	更新短期贷款 / 短期贷款还本付息			
3	申请短期贷款			
4	原材料入库 / 更新原材料订单			
5	下原材料订单			
6	更新生产 / 完工入库			
7	新建 / 在建 / 变卖生产线			
8	紧急采购			
9	开始下一批生产			
10	更新应收款 / 应收款收现			
11	按订单交货			
12	产品研发投资			
13	新市场开拓			
14	支付管理费			
15	出售库存			
16	应收款贴现			
17	季末收入合计			
18	季末支出合计			
19	季末数额对账 [（1）+（17）-（18）]			
年末	缴纳违约订单罚款（25%）			
	支付设备维修费			
	计提折旧			
	结账			

第3年订单登记表　　　　数量单位：个　金额单位：万元

订单号								合　计
市场								
产品								
数量								
账期								
销售额								
成本								
毛利								
未售								

第3年产品核算统计表　　　　数量单位：个　金额单位：万元

	P1	P2	合　计
数量			
销售额			
成本			
毛利			

第3年综合管理费用明细表　　　　万元

项　目	金　额	备　注
管理费		
广告费		
维修费		
市场准入开拓		
产品研发		
其　他		
合　计		

第 3 年利润表　　　　　　　　　　　　　　　　　　　万元

项　目	上年数	本年数
销售收入		
直接成本		
毛利		
综合费用		
折旧前利润		
折旧		
支付利息前利润		
财务收入／支出（利息）		
其他收入／支出		
税前利润		
所得税		
净利润		

第 3 年资产负债表　　　　　　　　　　　　　　　　　万元

资　产	期初数	期末数	负债和所有者权益	期初数	期末数
流动资产：			负债：		
现金			长期负债		
应收款			短期负债		
在产品			应付款		
产成品			应交税金		
原材料			一年内到期的长期负债		
流动资产合计			负债合计		
固定资产：			所有者权益：		
土地和建筑			股东资本		
机器与设备			利润留存		
在建工程			年度净利		
固定资产合计			所有者权益合计		
资产总计			负债和所有者权益总计		

第4年经营记录表　　　　数量单位：个　金额单位：万元

操作顺序	企业经营流程		每执行完一项操作，CEO 请在相应的方格内打钩。		
	操作流程		记　录		
年初	新年度规划会议				
	广告投放				
	参加订货会选订单 / 登记订单				
	支付应付税（25%）				
1	季初盘点（请填余额）				
2	更新短期贷款 / 短期贷款还本付息				
3	申请短期贷款				
4	原材料入库 / 更新原材料订单				
5	下原材料订单				
6	更新生产 / 完工入库				
7	新建 / 在建 / 变卖生产线				
8	紧急采购				
9	开始下一批生产				
10	更新应收款 / 应收款收现				
11	按订单交货				
12	产品研发投资				
13	新市场开拓				
14	支付管理费				
15	出售库存				
16	应收款贴现				
17	季末收入合计				
18	季末支出合计				
19	季末数额对账 [（1）+（17）-（18）]				
年末	缴纳违约订单罚款（25%）				
	支付设备维修费				
	计提折旧				
	结账				

用户＿＿＿＿＿＿＿　　第＿＿4＿＿年经营

第 4 年订单登记表　　　　数量单位：个　金额单位：万元

订单号						合　计
市场						
产品						
数量						
账期						
销售额						
成本						
毛利						
未售						

第 4 年产品核算统计表　　　　数量单位：个　金额单位：万元

	P1	P2	合　计
数量			
销售额			
成本			
毛利			

第 4 年综合管理费用明细表　　　　万元

项　目	金　额	备　注
管理费		
广告费		
维修费		
市场准入开拓		
产品研发		
其　他		
合　计		

第4年利润表 万元

项　目	上年数	本年数
销售收入		
直接成本		
毛利		
综合费用		
折旧前利润		
折旧		
支付利息前利润		
财务收入／支出（利息）		
其他收入／支出		
税前利润		
所得税		
净利润		

第4年资产负债表 万元

资　产	期初数	期末数	负债和所有者权益	期初数	期末数
流动资产：			负债：		
现金			长期负债		
应收款			短期负债		
在产品			应付款		
产成品			应交税金		
原材料			一年内到期的长期负债		
流动资产合计			负债合计		
固定资产：			所有者权益：		
土地和建筑			股东资本		
机器与设备			利润留存		
在建工程			年度净利		
固定资产合计			所有者权益合计		
资产总计			负债和所有者权益总计		

第 5 年经营记录表　　　　　　数量单位：个　金额单位：万元

操作顺序	企业经营流程	每执行完一项操作，CEO 请在相应的方格内打钩。		
	操作流程	记　录		
年初	新年度规划会议			
	广告投放			
	参加订货会选订单 / 登记订单			
	支付应付税（25%）			
1	季初盘点（请填余额）			
2	更新短期贷款 / 短期贷款还本付息			
3	申请短期贷款			
4	原材料入库 / 更新原材料订单			
5	下原材料订单			
6	更新生产 / 完工入库			
7	新建 / 在建 / 变卖生产线			
8	紧急采购			
9	开始下一批生产			
10	更新应收款 / 应收款收现			
11	按订单交货			
12	产品研发投资			
13	新市场开拓			
14	支付管理费			
15	出售库存			
16	应收款贴现			
17	季末收入合计			
18	季末支出合计			
19	季末数额对账 [（1）+（17）-（18）]			
年末	缴纳违约订单罚款（25%）			
	支付设备维修费			
	计提折旧			
	结账			

第5年订单登记表　　　　　　数量单位：个　金额单位：万元

订单号									合　计
市场									
产品									
数量									
账期									
销售额									
成本									
毛利									
未售									

第5年产品核算统计表　　　　　　数量单位：个　金额单位：万元

	P1	P2	合　计
数量			
销售额			
成本			
毛利			

第5年综合管理费用明细表　　　　　　　　万元

项　目	金　额	备　注
管理费		
广告费		
维修费		
市场准入开拓		
产品研发		
其　他		
合　计		

第 5 年利润表 万元

项　目	上年数	本年数
销售收入		
直接成本		
毛利		
综合费用		
折旧前利润		
折旧		
支付利息前利润		
财务收入／支出（利息）		
其他收入／支出		
税前利润		
所得税		
净利润		

第 5 年资产负债表 万元

资　产	期初数	期末数	负债和所有者权益	期初数	期末数
流动资产：			负债：		
现金			长期负债		
应收款			短期负债		
在产品			应付款		
产成品			应交税金		
原材料			一年内到期的长期负债		
流动资产合计			负债合计		
固定资产：			所有者权益：		
土地和建筑			股东资本		
机器与设备			利润留存		
在建工程			年度净利		
固定资产合计			所有者权益合计		
资产总计			负债和所有者权益总计		

第6年经营记录表　　　　数量单位：个　金额单位：万元

操作顺序	企业经营流程		每执行完一项操作，CEO 请在相应的方格内打钩。		
	用户_____		第___6___年经营		
	操作流程		记　录		
年初	新年度规划会议				
	广告投放				
	参加订货会选订单 / 登记订单				
	支付应付税（25%）				
1	季初盘点（请填余额）				
2	更新短期贷款 / 短期贷款还本付息				
3	申请短期贷款				
4	原材料入库 / 更新原材料订单				
5	下原材料订单				
6	更新生产 / 完工入库				
7	新建 / 在建 / 变卖生产线				
8	紧急采购				
9	开始下一批生产				
10	更新应收款 / 应收款收现				
11	按订单交货				
12	产品研发投资				
13	新市场开拓				
14	支付管理费				
15	出售库存				
16	应收款贴现				
17	季末收入合计				
18	季末支出合计				
19	季末数额对账 [（1）+（17）−（18）]				
年末	缴纳违约订单罚款（25%）				
	支付设备维修费				
	计提折旧				
	结账				

第 6 年订单登记表　　　　　　　　数量单位：个　金额单位：万元

订单号							合　计
市场							
产品							
数量							
账期							
销售额							
成本							
毛利							
未售							

第 6 年产品核算统计表　　　　　　　数量单位：个　金额单位：万元

	P1	P2	合　计
数量			
销售额			
成本			
毛利			

第 6 年综合管理费用明细表　　　　　　　　　　　　万元

项　目	金　额	备　注
管理费		
广告费		
维修费		
市场准入开拓		
产品研发		
其　他		
合　计		

第6年利润表   万元

项　目	上年数	本年数
销售收入		
直接成本		
毛利		
综合费用		
折旧前利润		
折旧		
支付利息前利润		
财务收入／支出（利息）		
其他收入／支出		
税前利润		
所得税		
净利润		

第6年资产负债表   万元

资　产	期初数	期末数	负债和所有者权益	期初数	期末数
流动资产：			负债：		
现金			长期负债		
应收款			短期负债		
在产品			应付款		
产成品			应交税金		
原材料			一年内到期的长期负债		
流动资产合计			负债合计		
固定资产：			所有者权益：		
土地和建筑			股东资本		
机器与设备			利润留存		
在建工程			年度净利		
固定资产合计			所有者权益合计		
资产总计			负债和所有者权益总计		

附录 C

1—6 年广告投放单

第 1 年广告投放单 个

企业名称	组 别	产 品	本地市场	区域市场	提交时间
		P₁			
		P₂			
		合 计			

第 2 年广告投放单 个

企业名称	组 别	产 品	本地市场	区域市场	提交时间
		P₁			
		P₂			
		合 计			

第 3 年广告投放单 个

企业名称	组 别	产 品	本地市场	区域市场	提交时间
		P₁			
		P₂			
		合 计			

第 4 年广告投放单 个

企业名称	组 别	产 品	本地市场	区域市场	提交时间
		P₁			
		P₂			
		合 计			

第 5 年广告投放单 个

企业名称	组 别	产 品	本地市场	区域市场	提交时间
		P₁			
		P₂			
		合 计			

第 6 年广告投放单 个

企业名称	组 别	产 品	本地市场	区域市场	提交时间
		P₁			
		P₂			
		合 计			

附录 D

1—6 年间谍活动登记表

第 1 年间谍活动登记表　　　　数量单位：个　金额单位：万元

组别	资　金			区域市场开拓	P2 产品研发	生产线		产　品				原材料			
	现金	贷款	应收款			手工	自动	库　存		在　产		库　存		预　订	
								P1	P2	P1	P2	R1	R2	R1	R2
1															
2															
3															
4															
5															
6															
汇总															

第 2 年间谍活动登记表　　　　数量单位：个　金额单位：万元

组别	资　金			区域市场开拓	P2 产品研发	生产线		产　品				原材料			
	现金	贷款	应收款			手工	自动	库　存		在　产		库　存		预　订	
								P1	P2	P1	P2	R1	R2	R1	R2
1															
2															
3															
4															
5															
6															
汇总															

第 3 年间谍活动登记表　　　　数量单位：个　金额单位：万元

组别	资　金			区域市场开拓	P2 产品研发	生产线		产　品				原材料			
	现金	贷款	应收款			手工	自动	库　存		在　产		库　存		预　订	
								P1	P2	P1	P2	R1	R2	R1	R2
1															
2															
3															
4															
5															
6															
汇总															

第 4 年间谍活动登记表　　　数量单位：个　金额单位：万元

组别	资金			区域市场开拓	P2 产品研发	生产线		产品				原材料			
	现金	贷款	应收款			手工	自动	库存		在产		库存		预订	
								P1	P2	P1	P2	R1	R2	R1	R2
1															
2															
3															
4															
5															
6															
汇总															

第 5 年间谍活动登记表　　　数量单位：个　金额单位：万元

组别	资金			区域市场开拓	P2 产品研发	生产线		产品				原材料			
	现金	贷款	应收款			手工	自动	库存		在产		库存		预订	
								P1	P2	P1	P2	R1	R2	R1	R2
1															
2															
3															
4															
5															
6															
汇总															

第 6 年间谍活动登记表　　　数量单位：个　金额单位：万元

组别	资金			区域市场开拓	P2 产品研发	生产线		产品				原材料			
	现金	贷款	应收款			手工	自动	库存		在产		库存		预订	
								P1	P2	P1	P2	R1	R2	R1	R2
1															
2															
3															
4															
5															
6															
汇总															

附录 E

1—6 年市场订单信息

第 1 年的订单信息 数量单位：个 金额单位：万元

编 号	市 场	产 品	数 量	总 价	交货期	账 期
6-0001	本地	P₁	5	25	4季	0
6-0003	本地	P₁	5	25	4季	0
6-0005	本地	P₁	5	25	4季	0
6-0007	本地	P₁	5	25	4季	0
6-0009	本地	P₁	5	25	4季	0
6-0011	本地	P₁	5	25	4季	0

第 2 年的订单信息 数量单位：个 金额单位：万元

编 号	市 场	产 品	数 量	总 价	交货期	账 期
6-0035	本地	P₁	4	18	4季	0
6-0033	本地	P₁	4	18	4季	0
6-0031	本地	P₁	4	18	4季	0
6-0029	本地	P₁	4	18	4季	0
6-0027	本地	P₁	4	18	4季	0
6-0025	本地	P₁	4	18	4季	0
6-0023	本地	P₁	6	26	4季	0
6-0021	本地	P₁	6	26	4季	0
6-0019	本地	P₁	6	26	4季	0
6-0017	本地	P₁	6	26	4季	0
6-0015	本地	P₁	6	26	4季	0
6-0013	本地	P₁	6	26	4季	0

第 3 年的订单信息 数量单位：个 金额单位：万元

编 号	市 场	产 品	数 量	总 价	交货期	账 期
6-0111	区域	P₁	1	5	4季	0
6-0109	区域	P₁	2	10	4季	0

（续表）

编　号	市　场	产　品	数　量	总　价	交货期	账　期
6-0107	区域	P1	2	10	4 季	0
6-0105	区域	P1	4	19	4 季	0
6-0103	区域	P1	2	9	4 季	0
6-0101	区域	P1	3	15	4 季	0
6-0099	区域	P1	5	23	4 季	0
6-0097	区域	P1	3	13	4 季	0
6-0095	区域	P1	5	22	4 季	0
6-0093	区域	P1	4	17	4 季	0
6-0091	区域	P1	4	20	4 季	0
6-0089	区域	P1	4	16	4 季	0
6-0087	区域	P1	3	14	4 季	0
6-0085	本地	P2	6	34	4 季	0
6-0083	本地	P2	6	34	4 季	0
6-0081	本地	P2	5	27	4 季	0
6-0079	本地	P2	4	21	4 季	0
6-0077	本地	P2	2	11	4 季	0
6-0075	本地	P2	6	34	4 季	0
6-0073	本地	P2	4	21	4 季	0
6-0071	本地	P2	2	11	4 季	0
6-0069	本地	P2	5	27	4 季	0
6-0067	本地	P2	4	21	4 季	0
6-0065	本地	P2	5	30	4 季	0
6-0063	本地	P2	2	12	4 季	0
6-0061	本地	P1	7	32	4 季	0
6-0059	本地	P1	7	32	4 季	0
6-0057	本地	P1	6	26	4 季	0
6-0055	本地	P1	4	17	4 季	0
6-0053	本地	P1	4	16	4 季	0
6-0051	本地	P1	3	12	4 季	0

（续表）

编 号	市 场	产 品	数 量	总 价	交货期	账 期
6-0049	本地	P₁	4	18	4季	0
6-0047	本地	P₁	6	26	4季	0
6-0045	本地	P₁	5	22	4季	0
6-0043	本地	P₁	3	13	4季	0
6-0041	本地	P₁	6	24	4季	0
6-0039	本地	P₁	4	16	4季	0
6-0037	本地	P₁	6	24	4季	0

第4年的订单信息　　　　　　　　数量单位：个　金额单位：万元

编 号	市 场	产 品	数 量	总 价	交货期	账 期
6-0203	区域	P₂	4	22	4季	2季
6-0201	区域	P₂	6	31	4季	1季
6-0199	区域	P₂	6	29	4季	2季
6-0197	区域	P₂	3	17	4季	1季
6-0195	区域	P₂	4	21	4季	1季
6-0193	区域	P₂	5	26	4季	2季
6-0191	区域	P₂	3	15	4季	1季
6-0189	区域	P₂	2	9	4季	3季
6-0187	区域	P₂	4	21	4季	1季
6-0185	区域	P₂	3	16	4季	1季
6-0183	区域	P₂	5	26	4季	1季
6-0181	区域	P₂	4	19	4季	0
6-0179	区域	P₁	4	17	4季	2季
6-0177	区域	P₁	5	23	4季	1季
6-0175	区域	P₁	2	9	4季	2季
6-0173	区域	P₁	5	20	4季	1季
6-0171	区域	P₁	3	12	4季	2季
6-0169	区域	P₁	4	16	4季	0
6-0167	区域	P₁	6	24	4季	0
6-0165	区域	P₁	4	16	4季	0

（续表）

编 号	市 场	产 品	数 量	总 价	交货期	账 期
6-0163	区域	P₁	3	12	4 季	0
6-0161	本地	P₂	7	38	4 季	2 季
6-0159	本地	P₂	5	28	4 季	1 季
6-0157	本地	P₂	6	35	4 季	1 季
6-0155	本地	P₂	5	26	4 季	2 季
6-0153	本地	P₂	4	22	4 季	2 季
6-0151	本地	P₂	3	18	4 季	2 季
6-0149	本地	P₂	3	16	4 季	1 季
6-0147	本地	P₂	6	32	4 季	0
6-0145	本地	P₂	3	16	4 季	2 季
6-0143	本地	P₂	3	16	4 季	0
6-0141	本地	P₂	4	22	4 季	2 季
6-0139	本地	P₂	4	20	4 季	0
6-0137	本地	P₂	4	21	4 季	1 季
6-0135	本地	P₁	6	23	4 季	2 季
6-0133	本地	P₁	2	8	4 季	2 季
6-0131	本地	P₁	3	12	4 季	1 季
6-0129	本地	P₁	4	14	4 季	1 季
6-0127	本地	P₁	2	7	4 季	0
6-0125	本地	P₁	2	8	4 季	1 季
6-0123	本地	P₁	2	9	4 季	0
6-0121	本地	P₁	6	23	4 季	2 季
6-0119	本地	P₁	6	22	4 季	2 季
6-0117	本地	P₁	5	21	4 季	1 季
6-0115	本地	P₁	8	30	4 季	1 季
6-0113	本地	P₁	3	12	4 季	1 季

第 5 年的订单信息　　　　　数量单位：个　金额单位：万元

编 号	市 场	产 品	数 量	总 价	交货期	账 期
6-0297	区域	P₂	3	17	4 季	1 季

（续表）

编　号	市　场	产　品	数　量	总　价	交货期	账　期
6-0295	区域	P₂	3	17	4季	1季
6-0293	区域	P₂	4	22	4季	2季
6-0291	区域	P₂	3	17	4季	2季
6-0289	区域	P₂	6	32	4季	1季
6-0287	区域	P₂	4	22	4季	2季
6-0285	区域	P₂	4	21	4季	1季
6-0283	区域	P₂	6	34	4季	1季
6-0281	区域	P₂	5	30	4季	1季
6-0279	区域	P₂	1	5	4季	0
6-0277	区域	P₂	2	11	4季	2季
6-0275	区域	P₁	3	12	4季	1季
6-0273	区域	P₁	6	28	4季	2季
6-0271	区域	P₁	4	18	4季	1季
6-0269	区域	P₁	3	13	4季	1季
6-0267	区域	P₁	3	12	4季	0
6-0265	区域	P₁	3	13	4季	1季
6-0263	区域	P₁	4	17	4季	2季
6-0261	区域	P₁	1	5	4季	0
6-0259	区域	P₁	2	9	4季	1季
6-0257	区域	P₁	3	13	4季	2季
6-0255	区域	P₁	5	21	4季	1季
6-0253	本地	P₂	2	11	4季	1季
6-0251	本地	P₂	2	12	4季	1季
6-0249	本地	P₂	3	16	4季	1季
6-0247	本地	P₂	2	12	4季	1季
6-0245	本地	P₂	3	17	4季	1季
6-0243	本地	P₂	5	30	4季	1季
6-0241	本地	P₂	3	18	4季	2季
6-0239	本地	P₂	2	11	4季	1季

（续表）

编 号	市 场	产 品	数 量	总 价	交货期	账 期
6-0237	本地	P₂	3	16	4 季	2 季
6-0235	本地	P₂	3	16	4 季	1 季
6-0233	本地	P₂	4	21	4 季	2 季
6-0231	本地	P₂	4	20	4 季	1 季
6-0229	本地	P₂	4	21	4 季	0
6-0227	本地	P₁	2	9	4 季	2 季
6-0225	本地	P₁	7	27	4 季	1 季
6-0223	本地	P₁	5	20	4 季	1 季
6-0221	本地	P₁	4	16	4 季	2 季
6-0219	本地	P₁	3	12	4 季	1 季
6-0217	本地	P₁	3	12	4 季	1 季
6-0215	本地	P₁	4	16	4 季	2 季
6-0213	本地	P₁	5	18	4 季	1 季
6-0211	本地	P₁	3	11	4 季	0
6-0209	本地	P₁	4	14	4 季	1 季
6-0207	本地	P₁	6	22	4 季	1 季
6-0205	本地	P₁	3	11	4 季	1 季

第 6 年的订单信息　　　　数量单位：个　金额单位：万元

编 号	市 场	产 品	数 量	总 价	交货期	账 期
6-0393	区域	P₂	5	27	4 季	2 季
6-0391	区域	P₂	6	32	4 季	2 季
6-0389	区域	P₂	2	11	4 季	1 季
6-0387	区域	P₂	3	16	4 季	2 季
6-0385	区域	P₂	6	27	4 季	1 季
6-0383	区域	P₂	4	22	4 季	1 季
6-0381	区域	P₂	4	21	4 季	1 季
6-0379	区域	P₂	6	34	4 季	1 季
6-0377	区域	P₂	5	27	4 季	1 季
6-0375	区域	P₂	4	22	4 季	0

（续表）

编　号	市　场	产　品	数　量	总　价	交货期	账　期
6-0373	区域	P₂	2	10	4 季	2 季
6-0371	区域	P₁	2	9	4 季	1 季
6-0369	区域	P₁	3	13	4 季	1 季
6-0367	区域	P₁	2	9	4 季	1 季
6-0365	区域	P₁	4	21	4 季	2 季
6-0363	区域	P₁	5	20	4 季	2 季
6-0361	区域	P₁	4	16	4 季	1 季
6-0359	区域	P₁	5	24	4 季	1 季
6-0357	区域	P₁	3	13	4 季	1 季
6-0355	区域	P₁	4	19	4 季	1 季
6-0353	区域	P₁	6	29	4 季	2 季
6-0351	区域	P₁	4	20	4 季	2 季
6-0349	区域	P₁	4	18	4 季	1 季
6-0347	本地	P₂	6	31	4 季	1 季
6-0345	本地	P₂	5	28	4 季	2 季
6-0343	本地	P₂	6	32	4 季	1 季
6-0341	本地	P₂	4	22	4 季	1 季
6-0339	本地	P₂	1	6	4 季	1 季
6-0337	本地	P₂	3	15	4 季	2 季
6-0335	本地	P₂	2	11	4 季	1 季
6-0333	本地	P₂	3	16	4 季	2 季
6-0331	本地	P₂	3	16	4 季	1 季
6-0329	本地	P₂	4	21	4 季	2 季
6-0327	本地	P₂	4	20	4 季	1 季
6-0325	本地	P₂	7	36	4 季	0
6-0323	本地	P₁	3	13	4 季	1 季
6-0321	本地	P₁	2	9	4 季	1 季
6-0319	本地	P₁	3	14	4 季	1 季
6-0317	本地	P₁	2	9	4 季	1 季

（续表）

编　号	市　场	产　品	数　量	总　价	交货期	账　期
6-0315	本地	P₁	3	14	4季	1季
6-0313	本地	P₁	4	17	4季	1季
6-0311	本地	P₁	4	18	4季	1季
6-0309	本地	P₁	4	16	4季	2季
6-0307	本地	P₁	5	23	4季	1季
6-0305	本地	P₁	3	14	4季	0
6-0303	本地	P₁	4	17	4季	1季
6-0301	本地	P₁	6	28	4季	1季
6-0299	本地	P₁	4	17	4季	1季

参考文献

[1] 杜怡萍，王新玲 . 企业认知实训指导 [M]. 北京：电子工业出版社，2017.

[2] 张健，陈明 . ERP 沙盘模拟实训教程 [M]. 北京：化学工业出版社，2009.

[3] 刘平 . 用友 ERP 企业经营沙盘模拟实训手册 [M]. 大连：东北财经大学出版社，2017.

[4] 高楚云，何万能 . ERP 沙盘模拟实训指导教程 [M]. 北京：人民邮电出版社，2017.

[5] 韩洁，陈明 . ERP 沙盘模拟实训教程 [M]. 北京：化学工业出版社，2017.

[6] 刘平 . 企业经营沙盘模拟实训手册 [M]. 北京：清华大学出版社，2015.

[7] 王俊耀 . 企业经营沙盘实战教程 [M]. 北京：科学出版社，2017.

[8] 葛张明，石孝维 . ERP 沙盘模拟实用教程 [M]. 上海：上海交通大学出版社，2017.